REMERCIEMENTS

Le présent ouvrage est l'aboutissement d'un projet ambitieux. Il n'a pas pu se faire sans la collaboration de plusieurs partenaires à qui nous voulons rendre un hommage particulier.

Pour commencer, l'ouvrage est le résultat d'une pratique de plus de 14 ans dans le domaine du bilan de compétences au Centre d'orientation et de recherche d'emploi de l'Estrie (COREE). Nous tenons donc à remercier d'abord les 1 000 clients et clientes qui ont entrepris cette démarche au fil des années. Ces personnes nous ont permis, en nous ouvrant leur cœur, d'évoluer dans notre profession et de vous transmettre aujourd'hui ce que nous avons appris. Nous remercions également la direction du COREE et l'ensemble du personnel administratif et du personnel d'intervention qui se sont impliqués pour améliorer le bilan de compétences d'année en année et pour l'adapter aux besoins d'une clientèle en constante évolution. Un merci spécial à mesdames Hélène Robert et Josée Carrière et à tous les membres du conseil d'administration du COREE qui, dès le départ, ont cru en ce projet et en ont facilité la réalisation.

Comme l'ouvrage est également le fruit d'une collaboration avec l'Université de Sherbrooke, il importe de souligner l'apport primordial de cette institution d'avant-garde dans le domaine de l'orientation. Cette collaboration nous a notamment permis d'accéder aux ressources de l'Université, avec tous les avantages que cela comporte. Nous tenons également à remercier l'Équipe de recherche sur les transitions et l'apprentissage (ÉRTA), au sein de laquelle évolue la professeure Guylaine Michaud, qui nous a offert son aide et qui a contribué financièrement au projet. Parmi les membres de l'ÉRTA, nous voulons remercier particulièrement la professeure Rachel Bélisle : ses commentaires sur les deux premiers chapitres ont stimulé notre écriture. Merci aussi à Alexandre Brien pour sa précieuse collaboration dans la recension des écrits portant sur le bilan de compétences. Remerciements chaleureux à nos professeures et professeurs de l'Université de Sherbrooke qui, à l'un ou l'autre moment, nous ont inspirées dans la réalisation de l'ouvrage. Enfin, un merci très spécial à Jacques Limoges qui fut un pionnier de l'implantation du bilan de compétences au Québec en organisant un symposium international sur ce thème, au début des années 1990, à l'Université de Sherbrooke.

Nous remercions pareillement messieurs Denis Pelletier et Martin Rochette, de Septembre Éditeur, pour leurs judicieux conseils et leur contribution à la conception de l'ouvrage. Nous remercions toute l'équipe de coordination, d'infographie et de mise en pages, avec une pensée spéciale pour Linda Pépin qui a méticuleusement révisé notre livre et pour Hélène Plourde qui a piloté le projet.

Sur le plan financier, nous tenons à souligner l'apport d'Emploi-Québec qui, depuis le début, réfère des clients et clientes au COREE, et qui croit à notre approche du bilan de compétences ainsi qu'à sa pertinence pour la clientèle en transition professionnelle. Un autre partenaire, le Consortium canadien des carrières, nous a également offert une importante contribution financière. À ce sujet, nous remercions chaleureusement Nicole Galarneau du Regroupement québécois des organismes en développement de l'employabilité (RQUODE) de nous avoir informées de cette possibilité.

Pour finir, il faut savoir que, tout au long de notre « aventure », certaines personnes ont été comme des phares nous permettant de garder le cap vers notre destination finale. Aux membres de nos familles : Guillaume, François, Marie-Claude, Véronique, Samrik, Léa, Natasha, Jean-Guy et Claire, merci pour votre soutien, votre amour et votre présence!

À tous nos précieux amis et collaborateurs, et de tout cœur : MERCI!

TABLE DES MATIÈRES

INTRODUCTION

Le bilan de compétences crée actuellement un engouement dans plusieurs pays de la francophonie. Clairement intégré dans les pratiques d'orientation et même légiféré dans certains de ces pays, il prend de plus en plus d'importance chez les professionnels qui accompagnent les adultes en transition de carrière. Cette démarche comble plusieurs besoins qu'éprouvent ces adultes en regard de leur orientation, de leur insertion professionnelle ou de leur maintien en emploi.

Le bilan de compétences vise à soutenir les individus face aux réalités du marché du travail telles que la mondialisation, le développement technologique, la baisse de la population active, etc. Dans ce contexte, les adultes sont désormais appelés régulièrement, au cours de leur carrière, à questionner le sens qu'ils attribuent au travail et la direction qu'ils souhaitent donner à leur carrière. Ainsi, lors d'une période de transition professionnelle, certains individus envisagent une démarche de bilan de compétences, car ils se sentent parfois déstabilisés, perdus face à l'inconnu ou habités par un vide professionnel. Ils peuvent vivre une diminution de leur sentiment d'efficacité personnelle, qui les amène à remettre en question leurs compétences. D'autres sont intéressés à entreprendre une démarche de bilan pour mieux connaître leurs compétences, dans le but de favoriser leur adaptation aux exigences du marché du travail et de devenir proactifs dans leur cheminement de carrière. Ces divers motifs éveillent chez l'individu un besoin d'être accompagné pour mieux faire le point sur ses compétences et pour déterminer ensuite un projet professionnel.

Ce contexte met en évidence le fait que l'orientation soit une préoccupation tout au long de la vie. Loin de s'adresser uniquement à une clientèle de jeunes désireux d'effectuer un premier choix professionnel, l'orientation prend une place de plus en plus importante auprès de la clientèle adulte. Le bilan de compétences a démontré son efficacité pour répondre aux multiples besoins d'orientation des adultes. D'ailleurs, l'Ordre des conseillers et conseillères d'orientation et psychoéducateurs et psychoéducatrices du Québec (OCCOPPQ) promeut la formation continue auprès de ses membres pour valoriser l'acquisition de connaissances sur le bilan de compétences. En effet, les conseillers et conseillères d'orientation doivent s'adapter à l'accroissement de la clientèle adulte dans leur pratique. Ces périodes de formation, inspirées notamment des pratiques européennes, sont particulièrement à la base de notre décision d'entreprendre ce projet d'écriture sur un bilan de compétences inspiré d'une pratique québécoise. À la lumière de ces périodes de formation, nous avons constaté la pertinence de diffuser les fondements de l'intervention en bilan de compétences et de partager notre expertise du contexte québécois.

Afin de réaliser ce projet, l'Université de Sherbrooke s'est associée au Centre d'orientation et de recherche d'emploi de l'Estrie (COREE) pour présenter une expertise québécoise du bilan de compétences. Le contenu de ce livre a été développé sur une période de deux ans, selon un processus continu d'aller-retour entre la théorie et les études portant sur le bilan de compétences et l'expérience pratique du COREE et des trois auteurs et des trois auteures.

Animées par le désir de partager notre expérience et de contribuer à la modélisation du processus, nous souhaitons proposer un cadre de référence accessible à toutes les personnes intéressées par cette démarche. Nous espérons que cet ouvrage transmettra notre passion de l'accompagnement des personnes qui souhaitent réaliser un bilan de leurs compétences et qu'il sera une source d'inspiration pour accompagner votre clientèle dans une démarche de *Bilan de compétences*.

CHAPITRE 1

Le contexte de l'émergence de la pratique du bilan de compétences

Pour mieux comprendre l'émergence de la pratique du bilan de compétences, on ne peut faire l'économie d'une brève réflexion sur le contexte[1] qui a suscité le développement de cette pratique. La transformation du monde du travail a entraîné des changements majeurs dans le domaine de l'emploi et de la formation de la main-d'œuvre. Les transformations ayant le plus influencé l'émergence d'une pratique du bilan de compétences, à notre avis, sont la mondialisation des marchés, le développement technologique, le contexte démographique et le contexte culturel. Ces changements ont eu des répercussions directes sur le cheminement professionnel des individus. En effet, nous avons constaté que les clients qui ont consulté pour un bilan de compétences étaient confrontés à la précarité des emplois et à l'exigence de s'orienter et de se former tout au long de leur vie pour éviter l'exclusion professionnelle. De plus, un nombre croissant de personnes vit des problèmes de santé psychologique liés au travail.

1. Cette brève réflexion vise à mieux situer le lecteur par rapport à l'émergence de la pratique du bilan de compétences. Dans cette perspective, il ne traite pas de manière exhaustive du contexte économique, démographique et culturel actuel.

La petite histoire du service Bilan de compétences du COREE

Le programme *Bilan de compétences* du Centre d'orientation et de recherche d'emploi de l'Estrie[2] (COREE) a été instauré en 1993 avec un groupe de travailleurs licenciés de la St-Johnsbury Trucking, de Coaticook[3]. Reconnu depuis le début des années 1980 pour son expertise dans le domaine de l'employabilité, le COREE fut invité par la Direction des ressources humaines du Canada (DRHC)[4] à mettre sur pied ce nouveau service pour répondre aux besoins des individus qui venaient de perdre leur emploi.

La démarche de bilan de compétences en groupe, échelonnée sur deux semaines, visait alors à aider ces chômeurs récents à se retrouver immédiatement du travail. Le postulat de base de la démarche était qu'un individu qui identifie techniquement ses compétences est mieux outillé pour cibler les postes qui lui permettront de les faire valoir. Ainsi, il augmente ses chances de se réinsérer dans un nouvel emploi. Il faut préciser qu'à cette époque, il n'y avait pas de place explicite pour le processus d'orientation dans le programme : l'insertion directe en emploi constituait sa seule finalité.

Dès sa première année, ce bilan de compétences a suscité l'intérêt de plus d'une centaine de personnes. Au cours de ses deuxième et troisième années d'existence, le programme fut renouvelé pour être mieux adapté aux besoins d'une clientèle élargie. En effet, celle-ci ne provenait plus d'une seule entreprise, mais plutôt de l'ensemble de la population en recherche d'emploi. L'équipe d'intervention du COREE s'est alors rendu compte que les problématiques de carrière rencontrées touchaient autant la réorientation et l'adaptation professionnelles que la réinsertion professionnelle rapide.

Dans ce marché du travail incertain et en mouvement, les demandes des participants dépassaient largement la seule identification de leurs compétences pour mieux cibler les postes de travail accessibles. Un important besoin se faisait sentir, celui d'être accompagné dans leurs transitions professionnelles et person-

---

2. Nommé alors Centre objectif travail de l'Estrie (COTE).
3. Petite municipalité de l'Estrie (Québec), près de la frontière des États-Unis.
4. Maintenant, Ressources humaines et Développement Social Canada (RHDSC).

nelles parfois multiples. Par conséquent, le programme a dû être adapté afin de ne pas laisser ces personnes seules face à la complexité de leur réorientation ou de leur adaptation professionnelle. Elles avaient besoin d'être solidement soutenues, car leur transition professionnelle pouvait être porteuse d'un stress difficilement tolérable. Souvent découragées, notamment par la précarité croissante du marché du travail, qui exigeait et qui exige encore une grande capacité d'adaptation, ces personnes avaient besoin de temps pour faire le point sur leur vie professionnelle. C'est pour cette raison que la durée du programme est passée de deux à trois semaines, et parfois même à quatre semaines. Cette extension du programme permettait de créer une place essentielle au processus d'orientation et de transition dans le cadre d'une démarche de bilan de compétences, telle que nous la concevions. Ainsi, plus de temps était accordé aux activités de réflexion, à l'intégration des contenus proposés et à l'accompagnement individualisé[5]. Par ailleurs, ce temps supplémentaire servait aussi à augmenter les échanges entre les membres du groupe, favorisant ainsi la création d'un climat d'entraide et de soutien.

Dans les années qui ont suivi, des changements fondamentaux furent faits dans la structure du programme. L'approche de la compétence, jusque-là centrée sur l'évaluation psychométrique des intérêts, des aptitudes et des traits de personnalité, fut alors dirigée vers la construction et la coconstruction[6] de compétences en contexte. Des ajouts substantiels concernant les notions de transition, de projet et de valeur furent, entre autres, intégrés à la démarche. De plus, avec la reconnaissance explicite du processus d'orientation dans le cadre d'une démarche de bilan de compétences, une importance accrue fut accordée à l'exploration et à la compréhension de l'information scolaire et professionnelle.

Par la suite, à la constatation que les besoins de la population de l'Estrie grandissaient et variaient, il est apparu nécessaire d'offrir la possibilité de réaliser un processus de bilan de compétences en consultation individuelle. Cela a permis de répondre aux demandes de certains clients qui, par choix ou par obligation, ne pouvaient participer au programme de groupe. Depuis, la clientèle a la possibilité

5. Dans le cadre de ce livre, l'accompagnement individualisé désigne notamment le counseling individuel.

6. La coconstruction signifie ici le pouvoir d'influence que les conseillers et les membres du groupe ont sur la représentation qu'un individu se fait de ses compétences. Dans cette approche de la compétence, nous reconnaissons l'influence du contexte, tant sur le développement des compétences que sur leur reconnaissance.

d'entreprendre une démarche de bilan de compétences en plus ou moins 10 rencontres individuelles d'une heure environ, à raison d'une rencontre par semaine.

D'ailleurs, on remarque dans l'histoire du bilan de compétences du COREE une tendance à la hausse du nombre de processus individuels de bilan de compétences. Dès 2000, le pourcentage annuel de la clientèle effectuant un bilan de compétences en individuel a oscillé entre 34 % et 46 %. Ainsi, la démarche de bilan de compétences en individuel, d'abord offerte marginalement à la clientèle, s'est avérée une formule qui réconcilie les désirs et les contraintes[7] de plusieurs clients. Ainsi, le cumul des deux formules permet de rejoindre une clientèle plus vaste et ayant des besoins variés. Jusqu'à maintenant, plus de 1 000 personnes ont bénéficié du service de bilan de compétences, et celui-ci est toujours aussi populaire auprès de la population estrienne.

La petite histoire du service de bilan de compétences se poursuit avec l'écriture de ce livre. Initialement, l'objectif était de partager nos réflexions et les activités développées pendant plus de dix ans d'accompagnement des personnes dans leur démarche de bilan de compétences. Toutefois, le processus collectif d'écriture d'auteures du COREE et d'une auteure[8] de l'Université de Sherbrooke a fait évoluer le projet. En définissant notre approche à partir d'écrits et de modèles déjà existants, nous nous sommes aperçues qu'ils ne reflétaient qu'une partie de notre expérience du bilan de compétences. Confrontées à cette situation, nous avons réalisé que, de ce processus d'écriture, était en train d'émerger un nouveau modèle de bilan de compétences qui tenait compte de notre expérience pratique et des écrits consultés, tout en leur apportant une nouvelle dimension. Il nous est apparu essentiel de construire un modèle du bilan de compétences qui tienne compte de l'ensemble des dimensions touchées pour la personne, comme notre pratique nous a permis de le constater. Avant de présenter ce modèle, il nous semble important de situer le contexte de l'émergence de la pratique du bilan de compétences en dehors des murs du Centre d'orientation et de recherche d'emploi de l'Estrie.

---

7. Les contraintes dont il est question ici réfèrent à tout ce qui empêche le client de participer au processus en groupe : un emploi, des études, des devoirs familiaux, des problèmes physiques ou psychologiques, etc.

8. Professeure à l'Université de Sherbrooke depuis 2003, Guylaine Michaud a aussi travaillé au service de bilan de compétences du COREE à temps complet, puis à temps partiel, de 1994 à 2001.

La mondialisation et le développement technologique

La mondialisation des marchés caractérise aujourd'hui le milieu du travail. Elle est alimentée notamment par le progrès technologique qui étend, selon le Fonds monétaire international (2003), la compétition locale et nationale à un niveau international. Pour qu'elles demeurent compétitives, les entreprises doivent ajuster et rehausser leur pratique de gestion et de production. Ce contexte requiert une plus grande adaptabilité de la main-d'œuvre qui doit s'acclimater à certaines pratiques de gestion adoptées par les entreprises, comme le « juste à temps » (*just in time*). La mondialisation et la vive concurrence influencent aussi les entreprises : certaines prennent la décision de transporter la production dans les pays sous-développés ou en émergence, là où la main-d'œuvre est moins coûteuse. Des changements importants dans le marché du travail se produisent et secouent aussi bien les entreprises que les travailleurs, et ce, dans la plupart des secteurs de l'emploi.

Devant l'accroissement de la compétitivité, les entreprises doivent de plus en plus se tourner vers le développement technologique. Le recours aux plus récentes technologies est mis de l'avant afin de rivaliser avec la compétition. Selon Le Boterf, « pour se maintenir dans la course, il faut maintenant concevoir plus vite, au moindre coût et avec une garantie de qualité des produits innovants et en effectuant des progrès continus »[9]. Cette intégration constante de nouvelles technologies implique, pour les ressources humaines, la nécesssité de la formation continue, voire d'une réorientation, si la technologie a trop transformé la nature du travail. Par ailleurs, les entreprises incapables de suivre ce rythme de croissance technologique peuvent être confrontées à une baisse de la demande pour leurs produits et même à la fermeture. Dans un tel contexte, le bilan de compétences devient un moyen d'intervention à privilégier, et ce, tant pour l'individu que pour les entreprises.

Le contexte démographique et le bilan de compétences

Un aspect démographique important colore également la société actuelle : le vieillissement de la population. Ce phénomène est de plus en plus documenté au

9. LE BORTEF, Guy. *Construire les compétences individuelles et collectives*, coll. Livres outils, 4e éd., Paris, Les Éditions d'Organisation, 2004, p. 18.

Québec et dans plusieurs pays industrialisés. Ainsi, la population active diminue, ce qui entraîne plusieurs conséquences sur le marché du travail dont celle d'une pénurie de main-d'œuvre, déjà effective dans certains secteurs, et qui est envisageable à court et moyen termes dans d'autres secteurs.

La figure 1 illustre la pyramide des âges au Québec. Il est possible de constater qu'à la suite du baby-boom (1945-1962), le taux de natalité a diminué d'environ 30 %, soit de 20 000 naissances. Subissant ensuite quelques soubresauts, le taux de natalité a poursuivi sa chute pour s'effondrer tragiquement en 2003-2004. En effet, le dernier recensement a démontré, entre autres, des changements démographiques importants concernant les enfants d'âge préscolaire (quatre ans et moins) et révèle une baisse de 16 % de cette population entre 1996 et 2001 (Statistique Canada, 2005).

Figure 1
La pyramide des âges au Québec, 1er juillet 2004

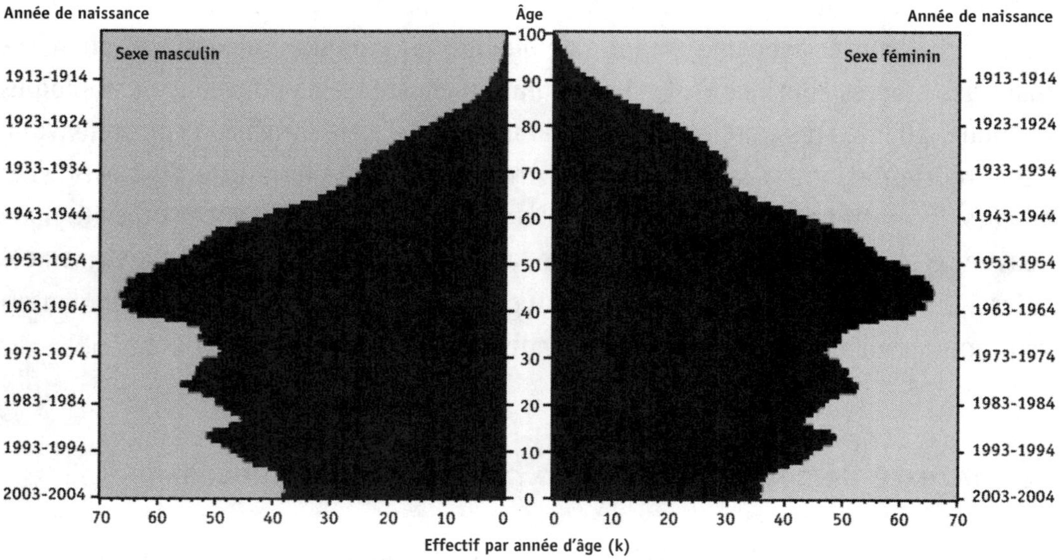

Source : Statistique Canada, Estimations de la population.
Dernière mise à jour le 8 novembre 2004.

Cette figure met aussi en relief le déséquilibre dans la répartition des groupes d'âge au sein de la population québécoise. Les adultes de 40 à 60 ans constituent un groupe largement majoritaire, ce qui aura sous peu des répercussions sérieuses sur le marché du travail. De plus en plus, les entreprises et les gouvernements s'inquiètent de cette situation qui crée, avec les nombreux départs à la retraite, une pression accrue sur le marché du travail.

Devant cette rareté prévisible de la main-d'œuvre, Emploi-Québec[10] a établi que des mesures devront être prises pour garder les travailleurs expérimentés sur le marché du travail plus longtemps. Cet allongement prévu de la carrière conduit les individus à se questionner plus régulièrement sur leurs projets et à se repositionner professionnellement. Par ailleurs, des études soulignent que les individus de ce groupe d'âge seraient moins prêts à faire des compromis sur le plan professionnel, préférant parfois être exclus du marché du travail plutôt que d'obtenir un emploi qui ne correspondrait pas à leurs exigences (Statistique Canada, 2004[11]). Selon Le Boterf (2004), le bilan de compétences, l'accompagnement et les dispositifs d'orientation sont des instruments que les organisations devraient proposer aux travailleurs de 50 ans et plus pour les encourager à rester en emploi plus longtemps.

Dans la perspective démographique actuelle, le vieillissement de la main-d'œuvre aura un impact différent selon les secteurs d'activités (Le Boterf, 2004). Dans certains domaines, les conséquences pourront être positives. La main-d'œuvre âgée, notamment dans les domaines de l'administration et des services sociaux, sera même recherchée pour son expérience et pour l'expertise qu'elle aura développée. Toutefois, dans les secteurs industriels, l'impact du vieillissement sera vécu négativement. Ces secteurs comportent plusieurs métiers manuels qui exigent une bonne capacité physique. Or, comme celle-ci diminue avec l'âge, il est fort probable que ces secteurs connaîtront une pénurie de main-d'œuvre plus précoce que d'autres.

Ainsi, la diminution de la population active, prévue dans le contexte du vieillissement de la main-d'œuvre, peut être perçue négativement pour les entreprises qui feront face à une diminution du bassin de personnel qualifié. En même temps,

10. Conférence de Bernard Matte au Forum national sur l'information et le marché du travail (IMT) à Halifax, Canada, en novembre 2005.

11. « L'emploi et le revenu en perspective : Les mal-aimés du marché du travail », 5(4), avril 2004. http://www.statcan.ca/francais/studies/75-001/archive/f-pdf/f-0423.pdf

elle pourrait être pressentie positivement par les individus plus jeunes qui auront davantage de choix et de perspectives dans leur cheminement professionnel. Ces possibilités, loin de se limiter aux jeunes, seront également ouvertes aux travailleurs expérimentés de 50 ans et plus. Nous pouvons donc déduire que la conjoncture démographique favorisera autant les jeunes que les travailleurs expérimentés. Elle leur offrira la possibilité de se questionner sur leurs projets professionnels, qui pourront se modifier plusieurs fois au cours d'une carrière allongée. Dans ce contexte, le bilan de compétences permet à l'individu de faire le point sur l'ensemble de ses ressources et de ses limites personnelles et environnementales, afin de mieux saisir les opportunités qui se présentent à lui.

Cette analyse du contexte démographique québécois démontre l'importance de s'interroger régulièrement sur sa carrière et apporte une piste d'explication quant à l'engouement que le bilan de compétences connaît depuis les années 1990.

Le contexte culturel

Le bilan de compétences se situe dans une culture où le travail occupe une place importante pour la réalisation de soi. Le travail est perçu comme bénéfique pour les personnes et porteur de nombreuses retombées pour l'identité, telles que le revenu, le statut, la réalisation, la gestion du temps et de l'espace, les relations interpersonnelles, le rôle clé et un sens à la vie (Limoges et Lahaie, 1998). En même temps qu'il est une source d'accomplissement, le travail est une source d'épuisement et de détresse psychologique[12]. En effet, ce désir, voire cette obsession de se réaliser, de se dépasser par le travail au détriment de toutes les autres sphères de sa vie, crée une pression, un stress chez les personnes, qui peuvent être défavorable à leur santé et entraîner l'épuisement professionnel. Faire le point sur sa carrière, se questionner professionnellement et personnellement, clarifier un projet de vie, est l'occasion pour plusieurs personnes de trouver leur manière de s'accomplir sans s'épuiser professionnellement.

12. Voir l'étude de Brun, Biron, Martel et Ivers (2002) sur la santé au travail.

La précarité des emplois

Dans de nombreux pays, la précarité des emplois est un phénomène grandissant. Au Québec, entre les années 1990 et le début des années 2000, des observations menées sur les emplois en général ont démontré une croissance plus importante des emplois dits atypiques[13] (ISQ, 2003; Malenfant, Larue, Vézina, April et Parent, 2002; Tremblay, 1997). Depuis les années 1990, le travail à temps partiel, autonome et temporaire est en pleine ascension au Québec et, en 2000, on a chiffré à 36,2 % la portion de personnes occupant des emplois atypiques (Malenfant et *al.*, 2002).

Cette réalité ne touche pas les hommes et les femmes de la même façon, puisque les femmes occupent 68 % des emplois à temps partiel. Bien qu'une portion du travail à temps partiel effectué par les femmes le soit volontairement, il appert qu'une grande partie se révèle involontaire (Leclerc, 2003). Cela n'est pas sans conséquence pour ces travailleuses, car le travail à temps partiel engendre plusieurs répercussions négatives dont voici quelques exemples : difficulté d'accès aux avantages sociaux et aux régimes de retraite, faible taux de syndicalisation, insécurité d'emploi, salaires souvent bas, déqualification professionnelle, accès réduit à la formation, difficulté d'avancement ou d'accès aux programmes d'égalité ou difficultés dans l'application des lois du travail (CFS, 2000, p. 10).

De plus, les jeunes et les personnes faiblement scolarisées forment les catégories d'employés les plus susceptibles de subir une précarité associée au travail atypique. Ils sont les plus vulnérables aux variations économiques et, par conséquent, les plus touchés par le chômage cyclique. Les risques que ces groupes de personnes se maintiennent dans une situation fragile par rapport au travail sont, par conséquent, plus élevés (Malenfant et *coll.*, 2002). Cette précarité et l'instabilité qu'elle occasionne amènent l'individu à se préoccuper régulièrement de son employabilité et de son orientation.

---

13. L'emploi atypique fait référence à des emplois qui sont contraires à la norme, c'est-à-dire à l'opposé « d'un contrat de travail de durée indéterminée et d'un horaire à plein temps ». Tremblay (1997), p. 109.

En France, les hausses constantes du taux de chômage ont incité les autorités à mettre en place des structures pour aider les individus à piloter leur carrière dans ce contexte de précarité. Selon Blanchard (2004), « l'orientation tout au long de la vie, plus souvent imposée que choisie, devient alors une réalité [...]. On propose des pratiques d'aide à l'orientation professionnelle des adultes parmi lesquelles on retrouve des démarches de bilan de compétences » (p. 173).

Qu'elle soit imposée ou choisie, l'orientation tout au long de la vie et le développement de compétences font partie du contexte actuel.

L'orientation tout au long de la vie et le développement de compétences

La conception linéaire études-travail-retraite du parcours professionnel se trouve révolutionnée par ces changements du monde du travail. La carrière, de plus en plus désordonnée et imprévisible, fait en sorte que l'individu doit régulièrement se préoccuper de sa formation pour se maintenir en emploi. Dans les pays industrialisés, on parle notamment du développement d'une économie de la connaissance[14]. On considère que les personnes auront à faire plusieurs aller-retour entre le travail et les formations dans cette ère de la société de connaissance (OCDE, 2001; Bezanson et Kellett, 2001). Ces apprentissages permettront à l'individu d'acquérir les connaissances nécessaires à l'actualisation de ses compétences.

Ainsi, parler du développement de carrière, c'est aussi parler d'orientation tout au long de la vie. Les individus ont en effet besoin d'une aide à la construction de soi (Guichard 2004) et au développement de sa compétence à s'orienter. Pour Michaud (2005), la compétence à s'orienter est la capacité (savoir-agir) qu'un individu a de mobiliser ses ressources personnelles et environnementales, dans le but de résoudre les problèmes liés à son orientation[15] tout au long de sa vie.

---

14. CONSEIL EUROPÉEN EXTRAORDINAIRE DE LISBONNE. *Vers une Europe de l'innovation et de la connaissance*, mars 2000 [europa.eu/scadplus/leg/fr/cha/c10241.htm]

15. Le problème d'orientation doit être considéré comme vaste, car il touche à la fois à l'orientation, à la réorientation, à l'insertion sociale et professionnelle ainsi qu'à l'adaptation et à la réadaptation sociale et professionnelle. Son déclenchement peut avoir été provoqué autant par une crise développementale (passage de l'adolescence à l'âge adulte, mitan de la vie, etc.) que par une crise adaptative (épuisement professionnel, accident de travail, conflits au travail, etc.). Voir Renée Houde (1999) pour une distinction approfondie de ces deux types de crise.

Selon Le Boterf (2004), il y a un consensus pour reconnaître l'enjeu des compétences, tant chez les entreprises que chez les individus. Comme celui-ci le mentionne, pour rester compétitives sur le marché du travail, les entreprises doivent se préoccuper des compétences collectives et individuelles de leurs travailleurs. L'auteur va même plus loin en affirmant que « l'entreprise du troisième millénaire ne pourra fonctionner et se développer que si elle peut faire confiance à la compétence de ses professionnels » (p. 21). De plus, il met en lumière que la qualité des biens et services offerts dans les entreprises dépend des compétences et de la motivation des employés. Les entreprises doivent donc se préoccuper du développement des compétences de leurs employés pour se maintenir dans un marché de plus en plus exigeant. Il soutient également que le contexte de travail et les capacités des individus doivent favoriser le développement et l'émergence de nouvelles compétence.

On comprend ainsi que développer des compétences est exigeant tant pour les individus que pour les entreprises, lesquelles doivent se préoccuper de donner des conditions favorables à ce développement. Le bilan de compétences est une des pratiques qui peut permettre aux adultes de faire le point sur leurs compétences et de se doter d'un plan d'action axé sur le développement ou le renforcement de leurs compétences, et ainsi faire face à ces nouvelles exigences du monde du travail.

L'adulte fragilisé dans un environnement incertain

Outre l'intérêt, dans une perspective d'apprentissage tout au long de la vie, de faire le point sur ses compétences, le processus de bilan de compétences peut aussi être avantageux pour la santé au travail. La pression causée par les nouvelles méthodes de gestion et de production, les demandes accrues des employeurs, l'augmentation de la charge de travail, la précarité du travail, la nécessité de s'adapter aux nouvelles réalités du travail et la menace de l'obsolescence occasionnent, chez les travailleurs, une hausse du niveau de stress et d'anxiété. Fragilisés par ces nombreuses exigences et par la complexité d'un marché du travail incertain et en mouvement, ceux-ci peuvent même trouver le marché du travail de moins en moins maîtrisable. Pour Boutinet (2004), « bien souvent, pour gérer une telle complexité, cet adulte oscille entre deux attitudes contradictoires qui le hantent : un cynisme simplificateur et réducteur de complexité, une dépression qui le fait se décourager face à un environnement jugé trop diversifié pour l'affronter » (p. 35).

À ce sujet, une étude effectuée en 2000 auprès de 3 200 personnes issues de quatre secteurs d'activité différents (enseignement, métallurgie, horticulture et santé) révèle qu'en moyenne, dans les quatre organisations participantes, 43,42 % des employés présentaient un niveau de détresse psychologique élevé, comparativement à 20,09 % dans la population québécoise en 1998 (Brun, Biron, Martel et Ivers, 2003). Cette étude dévoile que la détresse psychologique que peuvent ressentir les travailleurs québécois a atteint un niveau très élevé. De son côté, le ministère de la Santé et des Services sociaux du Québec (2001) indique qu'un cinquième de la population présente un indice de détresse psychologique élevé.

Ces études confirment ce que les professionnels en orientation constatent depuis plusieurs années dans leur intervention au sein du programme *Bilan de compétences*. Plus précisément, des statistiques maison recueillies, auprès de la clientèle du bilan de compétences du COREE et couvrant une période de deux ans (N = 268), nous indiquent qu'en 2002-2003, près de 50 % des clients avaient récemment reçu un diagnostic de problème de santé psychologique. En 2003-2004, cette proportion a grimpé à 63 %. De plus, 73 % de ces individus souffraient ou avaient souffert de dépression ou d'épuisement professionnel. Ces pourcentages corroborent les résultats des études citées précédemment, en ce qui concerne la santé mentale au travail. Cette situation est plutôt alarmante. Dans le cadre d'un colloque sur le travail et la santé psychologique, une psychologue, professeure à l'École des hautes études commerciales de Montréal (Morin, 2004), parlait même d'un problème de santé publique.

Dans ce contexte, il est de première importance d'accompagner l'adulte aux prises avec cette détresse qui peut générer une souffrance identitaire susceptible de semer un doute vis-à-vis de son sentiment d'efficacité personnelle et, par conséquent, de ses compétences. Un besoin d'accompagnement pour s'adapter à la complexité du marché du travail émerge ainsi chez certaines personnes. La démarche de bilan de compétences est envisagée comme l'une des réponses à une telle augmentation de la fragilité et de la précarité de la vie professionnelle.

L'orientation et le bilan de compétences

Dans les contextes économique, démographique, culturel et social décrits dans ce chapitre, les différents acteurs politiques se tournent de plus en plus vers les services d'orientation. Ceux-ci sont perçus comme des ressources pouvant aider les individus à faire face aux nouveaux besoins qui émergent par rapport à leur insertion et à leur maintien social et professionnel. Ainsi, « la Commission européenne et l'OCDE ont tous deux fait de l'orientation et de l'information professionnelles des domaines d'action essentiels, tant en ce qui concerne l'apprentissage tout au long de la vie que le développement économique et social » (Plant, 2001, p. 4).

Il faut souligner que, depuis les années 1980, les attentes vis-à-vis des services d'orientation professionnelle ont évolué. Comme le souligne l'OCCOPPQ, « ce qui auparavant s'avérait une aide à la définition du parcours scolaire s'est complexifié pour devenir une aide à construire des compétences qui permettront à l'individu de s'orienter » (1997, p. 14) tout au long de sa vie et de s'adapter aux divers contextes et changements. Cette évolution de la pratique en orientation a suscité l'apparition de nombreux services d'accompagnement pour la réorientation, l'insertion, la réinsertion, l'adaptation et le maintien en emploi. Parmi ceux-ci, on retrouve également des services ou des programmes de bilan de compétences.

En France et au Québec, c'est au cours des années 1980 que l'on voit apparaître le bilan personnel et professionnel dans le cadre de mesures visant à soutenir le maintien en emploi des salariés, dans un contexte de recomposition du monde du travail et de chômage massif et durable. En 1986, la France expérimente le bilan de compétences avec les premiers Centres institutionnels de bilan de compétences (C.I.B.C.). Le 31 décembre 1991, le bilan de compétences devient un droit à l'orientation, sans cesse renouvelé pour tous les salariés[16].

16. Dans le cadre de la loi sur la réforme de la formation professionnelle du 4 mai 2004, en France, on précise à nouveau le droit au bilan de compétences : l'Accord national interprofessionnel précise qu'après 20 ans d'activité professionnelle, et à compter de 45 ans, tout salarié peut bénéficier, sous réserve d'une ancienneté minimum d'un an dans l'entreprise, d'un bilan de compétences mis en œuvre en dehors du temps de travail et d'une priorité d'accès à la validation des acquis de l'expérience (VAE). Pour les articles de la loi voir : www.cibc.net/autres/loi.php?num=31.

Au Québec, le bilan de compétences n'est pas devenu un droit, mais il représente une pratique en pleine expansion dans les services d'employabilité et dans le monde de l'éducation. L'importance que prend cette pratique au Québec et à travers la francophonie[17] s'explique notamment par les trajectoires professionnelles des adultes qui vivent de nombreuses transitions choisies ou subies. Ces transitions (une réorientation professionnelle, un congédiement ou même des difficultés de maintien au travail) occasionnent de nombreux bouleversements sur le plan de l'identité professionnelle et personnelle. Dans un tel contexte, une démarche de bilan de compétences peut permettre à l'individu de reprendre du pouvoir sur sa vie professionnelle. Depuis peu, on attend aussi de cette démarche non seulement qu'elle permette aux personnes de se reconstruire, mais aussi qu'elle s'inscrive plus globalement dans un projet de société dans lequel solidarité et performance doivent être conciliables (Vacher, 2006).

Au Québec, les programmes et les services de bilan de compétences se sont ainsi développés librement, sans cadre législatif. Il faut rappeler qu'au début des années 1990, lorsque le bilan compétences a pris son essor au Québec, le concept de compétence était considéré comme « un attracteur étrange » (Le Boterf, 1994). Une conception répandue de la compétence dans les pratiques en orientation était alors la somme des savoirs : savoir-faire et savoir-être. C'est au cours de cette décennie qu'on a noté une avancée importante de la notion de compétence sur le plan conceptuel. Aujourd'hui, bien qu'il n'y ait pas de consensus sur la définition de la compétence, plusieurs auteurs et chercheurs s'entendent pour dire qu'elle se définit comme un savoir-agir[18] complexe. Nous approfondirons cette notion de compétence dans le chapitre quatre.

Cette brève réflexion sur le contexte entourant l'émergence de la pratique du bilan de compétences met en lumière les retombées, nombreuses et diversifiées, qui sont attendues d'une telle démarche, et ce, tant pour l'individu que pour la société. Lorsqu'on considère que le bilan de compétences est une loi depuis 1991, en France, et qu'il est ici bien ancré dans nos pratiques, il apparaît pertinent d'évaluer ses retombées concrètes pour l'individu et la société.

---

17. Ce n'est pas le cas du Canada anglais ou, plus globalement, dans les pays anglo-saxons. Le bilan de compétences professionnelles et personnelles qui vise une auto-emprise par la personne n'a pas d'équivalent (Lemoine, 1998).

18. Voir, entre autres, Michaud (2005); MEQ (2003, 2001); Le Boterf (2004, 2000) et Tardif (2004).

CHAPITRE 2

Les multiples retombées du bilan de compétences

Le personnel du COREE a toujours eu le souci d'évaluer l'efficacité de ses services. Des statistiques sur le placement en emploi et sur le retour aux études ainsi que des évaluations écrites recueillies auprès de la clientèle permettent de documenter les multiples retombées, tant pour l'individu que pour la société, d'une démarche de bilan de compétences.

Des retombées pour la société

Une des retombées attendue de la démarche de bilan de compétences du COREE est que la personne réalise un projet professionnel qui peut l'amener à se réorienter, à se perfectionner, à se réinsérer professionnellement ou à se maintenir en emploi d'une manière plus satisfaisante pour elle. Afin de vérifier si le projet se concrétise, des statistiques ont été recueillies de 1994 à 2005 auprès de personnes ayant fait une démarche de bilan de compétences au COREE. Le tableau 1 présente ces données relatives aux placements en emploi (maintien et insertion) ainsi que les retours aux études effectués à la suite d'une démarche de bilan de compétences.

Tableau 1

Résultats des placements en emploi ou des retours aux études à la suite d'une démarche de bilan de compétences au COREE

(N = 1002 participants)

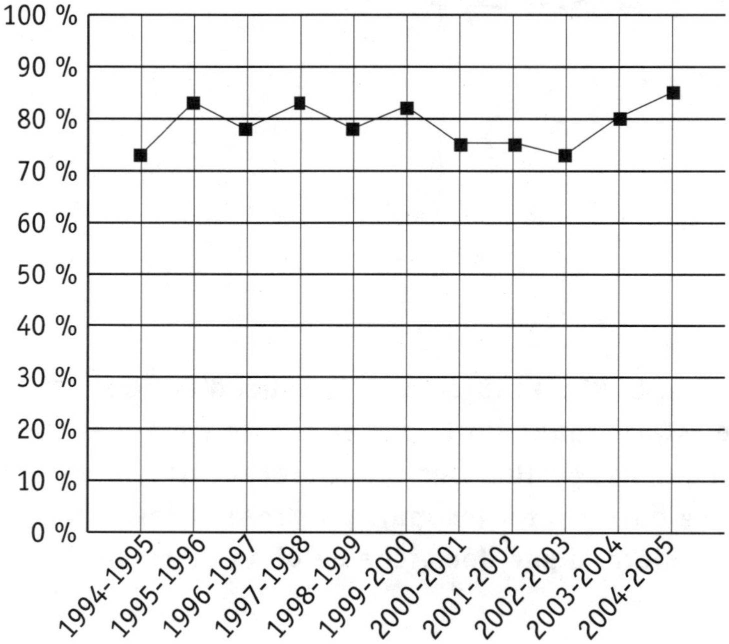

Les données du tableau 1 nous indiquent que les résultats de placement ou de retour aux études se maintiennent pendant 10 ans au-dessus du seuil de 73 %. En fait, ces statistiques nous montrent que, dans une proportion variant de 73 % à 85 %, les personnes qui ont participé au bilan de compétences sont en emploi ou ont débuté une formation de trois et six mois après avoir complété leur bilan de compétences. Cela nous permet de croire que participer à une démarche de bilan de compétences stimule la réalisation d'un projet ou sa mise en action. Toutefois, il importe de mentionner que ces statistiques peuvent inclure aussi les compromis nobles ou les emplois de survie identifiés par la personne. En effet, en fonction des possibilités et des limites du marché du travail au moment où la personne fait sa démarche, nous l'aidons à clarifier un projet professionnel optimal, mais aussi à identifier clairement les étapes qui peuvent la mener au terme de ce projet. Ces étapes incluent souvent l'identification d'un compromis noble ou parfois d'un emploi de survie[19]. Le fait de distinguer les différents types d'insertion (emploi de survie, compromis noble, projet professionnel optimal) est un apprentissage qui permet à la personne de se voir en mouvement vers son but plutôt que dans une situation qu'elle doit subir. L'intention, dans l'identification de compromis nobles, est de maintenir la motivation de la personne par rapport à son projet à court, moyen et long terme.

Les résultats obtenus à la suite d'une démarche de bilan de compétences au COREE vont dans le même sens que ceux de l'étude longitudinale de Férieux et Carayon (1998), qui souligne qu'après six mois, 70 % des bénéficiaires[20] d'un bilan de compétences, qui étaient des chômeuses et chômeurs de longue durée, sont en emploi. Nous pensons que les résultats du COREE, variant de 73 % à 85 %, sont plus élevés, notamment parce que la clientèle est moins éloignée du marché du travail et que la situation de l'emploi au Québec était plus favorable qu'en France lors de la cueillette de nos données. Nous pensons que la démarche de bilan de compétences apporte des retombées concrètes pour la société, dans la mesure où l'on considère que les placements en emploi et les retours aux études favorisent une réduction des coûts liés au chômage ainsi qu'une meilleure adéquation entre l'offre et la demande d'emploi.

Des retombées pour l'individu

Les évaluations écrites et les échanges verbaux qui ont lieu entre les clients ayant terminé une démarche de bilan de compétences au COREE et le personnel permettent de mieux comprendre les retombées de cette démarche pour les personnes. Sans présenter une liste exhaustive des commentaires recueillis auprès des 1 000 personnes qui ont bénéficié de la démarche de bilan de compétences au COREE depuis plus de 11 ans, nous avons fait une analyse[21] des principales

19. **Le projet optimal** est celui qui permet à la personne de se développer pleinement en fonction de ses ressources personnelles et environnementales, tout en respectant ses limites. **Le compromis noble** est celui qui permet à la personne de se développer d'une manière satisfaisante, en fonction de ses ressources personnelles (notamment dans le respect de ses valeurs fondamentales) et environnementales, et de ses limites. **L'emploi de survie** permet de répondre principalement aux besoins de base de la personne : se loger, se nourrir, etc. Il rencontre partiellement les ressources de l'individu.

20. En France, ce terme est utilisé pour désigner les personnes qui bénéficient d'une démarche de bilan de compétences subventionnée par le gouvernement.

21. La méthode utilisée consiste à lire les commentaires et à faire une première catégorisation (exemple : estime de soi). Ensuite, nous avons groupé l'ensemble des extraits liés aux catégories afin de nous assurer qu'un nombre important de participantes et participants avaient fait, d'une façon ou d'une autre, des commentaires en lien avec cette catégorie.

retombées que celles-ci associent directement à leur démarche. Nous vous présentons les résultats de notre analyse, qui seront appuyés par des témoignages de la clientèle[22]. Nous corroborons nos résultats maison avec des résultats d'études portant sur l'efficacité du bilan de compétences[23].

Consolider l'estime de soi

Il est reconnu qu'une période de transition professionnelle, notamment l'expérience du chômage, est un évènement qui entraîne des fluctuations dans la perception de soi et qui peut affecter l'estime de soi de la personne. Les personnes qui entreprennent une démarche de bilan de compétences et qui arrivent avec un doute par rapport à leur estime de soi profitent grandement du bilan de compétences. Sylvain, travailleur dans le domaine de l'administration publique, souligne : « [...] j'avais l'impression d'être un moins que rien à la suite de mon changement de poste et, finalement, de sa fermeture... cette démarche m'a permis de ressentir que je ne suis pas comme ça, que j'ai une valeur... des compétences à offrir. » En fait, le bilan de compétences est un moyen privilégié pour réorganiser sa perception de soi et des autres. Cette perception est parfois biaisée par les expériences négatives que l'individu peut avoir vécues sur les plans professionnel et personnel. Dans le cadre de la démarche de groupe, ces personnes ont l'avantage d'être en relation avec d'autres personnes qui peuvent avoir vécu des situations semblables. Elles se sentent moins seules dans une transition qui amène beaucoup de confusion sur elles-mêmes et sur leur devenir. Être vue et validée a eu un effet bénéfique sur Nathalie, ouvrière non spécialisée qui a choisi de quitter son emploi à la suite d'une situation très éprouvante de harcèlement au travail : « [...] Vous m'avez fait voir tellement d'affaires. Je me jugeais tout le temps. Manque de confiance en moi. Plein de patentes. À parler avec le groupe, avec ma conseillère, je me suis sentie considérée. Je vois finalement que ça existe, c'est possible d'être considérée. Puis d'être écoutée. Puis d'être crue. » Évidemment, il ne faut pas simplifier les problèmes d'estime de soi, mais, à la lumière des nombreux commentaires reçus en

---

22. Les extraits de verbatim ont été retravaillés par les auteures afin de conserver le sens des propos recueillis auprès de la clientèle sans toutefois citer textuellement une personne.

23. Les études portant sur l'évaluation de l'efficacité d'une démarche de bilan de compétences sont rares et se concentrent en Europe, principalement, en France. Pour ce qui est du Québec, à notre connaissance, aucune étude n'a porté spécifiquement sur l'évaluation d'une démarche de bilan de compétences. Pour une recension complète des écrits sur l'efficacité du bilan de compétences, voir, Michaud, Dionne et Beaulieu (à paraître) « L'efficacité du bilan de compétences ». Revue canadienne de counseling, numéro spécial.

lien avec cette dimension, il apparaît que le processus du bilan de compétences favorise une certaine forme de validation des ressources qui aide les personnes à réorganiser d'une manière plus positive leur perception d'elles-mêmes et leur efficacité personnelle. Suzanne souligne : « [...] j'ai appris à ne pas sous-estimer la valeur de mes acquis, à m'estimer davantage et à reconnaître mon potentiel. » Ainsi, le bilan de compétences peut favoriser la consolidation d'une estime de soi parfois ébranlée par le vécu sur le marché du travail.

Dans les retombées du bilan, on peut également parler d'une réorganisation profitable de l'estime de soi des personnes qui ont tendance à amplifier leurs compétences. Par exemple, lors de la rédaction de son portfolio, une personne s'était trouvé 27 compétences. Elle a été heurtée dans sa perception d'elle-même lorsque nous lui avons demandé de grouper ses compétences afin d'arriver à en identifier de trois à cinq principales. Faire les regroupements demandés l'a surtout amenée à prendre conscience qu'elle se reconnaissait beaucoup de compétences en réaction à un sentiment plus profond d'incompétence. Elle allait, en quelque sorte, à l'opposé de sa blessure par rapport à ses compétences : « [...] Pour la première fois de ma vie, j'ai ressenti que j'ai des compétences intéressantes à offrir, que je n'ai pas à en mettre plus pour me faire valoir... même si ce n'est pas toujours facile de m'accepter comme je suis. »

Plusieurs études montrent qu'une démarche de bilan de compétences a un effet positif sur l'estime de soi. En effet, Gaudron, Bernaud et Lemoine (2001) constatent que cette démarche agit positivement sur l'estime de soi des 158 participants de leur étude longitudinale. Leurs résultats démontrent que le développement de l'estime de soi est encore « évident » six mois après la fin de leur démarche. Férieux et Carayon (1998) abondent dans le même sens avec des résultats qui confirment « une hausse significative et durable de l'estime de soi » six mois après la démarche. En fait, l'effet bénéfique sur l'estime de soi ressort dans les conclusions de la majorité des études consultées portant sur les retombées d'une démarche de bilan de compétences. Si on se rappelle à quel point l'adulte peut être fragilisé dans son insertion et dans son maintien social et professionnel, ces résultats bénéfiques sur l'estime de soi appuient la pertinence d'une telle démarche.

Augmenter la connaissance de soi

La démarche de bilan de compétences amène souvent les clients à rendre explicites et à officialiser des aspects connus et inconnus d'eux-mêmes, qu'ils traduisent en compétences et qu'ils transposent dans un projet professionnel. Ainsi, les différentes réflexions personnelles, les activités de groupe, s'il y a lieu, ainsi que les rencontres individuelles offrent un espace privilégié aux personnes pour identifier et valider les ressources personnelles, c'est-à-dire leurs qualités, intérêts, valeurs, besoins et connaissances, de même que les ressources environnementales qui composent leurs compétences[24]. Elles identifient aussi leurs croyances et prennent conscience de l'impact de celles-ci dans leur vie professionnelle et personnelle. De plus, le bilan donne l'occasion de se repositionner par rapport à ses choix et d'accéder à des rêves qu'on n'a jamais osé réaliser. Michel indique : « [...] je me suis redécouvert des rêves cachés au fond de moi, des parties de moi que je n'utilisais plus depuis longtemps. » Michel s'est souvenu que, lorsqu'il était enfant, il adorait le dessin et l'organisation d'activités chez les scouts. Il se souvenait combien il se sentait à l'aise et confiant lorsqu'il mobilisait ses intérêts et ses aptitudes dans un tel contexte. Dans le cadre de sa démarche de bilan de compétences, il a réalisé qu'il avait eu peu d'occasions dans ses expériences antérieures de travail d'organiser des activités, et encore moins de dessiner. Il a compris pourquoi il se sentait inconfortable, voire malheureux, dans les milieux où il était exécutant et où il n'avait pas la possibilité d'organiser son travail. Il a aussi pu mettre en lumière une croyance erronée à propos de la créativité et du marché du travail qui l'a, en quelque sorte, empêché de développer ses ressources en lien avec le dessin et l'organisation. Dans son projet professionnel, il a identifié plusieurs étapes (compromis nobles, perfectionnements, stratégies de recherche d'emploi, etc.) qui lui ont permis de postuler des emplois où il pourrait agir et développer ses aptitudes en dessin et en organisation d'évènements. L'exemple de Michel permet de constater que cette connaissance de soi peut redonner un sens à la trajectoire professionnelle des clients.

De même, prendre conscience de certains scénarios de vie peut redonner un pouvoir considérable à la personne pour mieux poursuivre son cheminement. Pierrette partage : « [...] j'ai pris conscience de mes *patterns* et des pièges de mes

---

24. Ces différents concepts seront explicités dans le chapitre 4.

emplois précédents, j'ai compris ce qui se répète dans mon histoire. [...] J'ai l'impression de reprendre quelque chose de précieux que j'avais laissé entre les mains des autres. » De même, cette connaissance de soi aide les individus à mieux connaître leurs forces et leurs limites pour mieux vivre leur transition professionnelle. Richard souligne : « [...] je me sens beaucoup mieux par rapport à ma perte d'emploi, je me sens surtout moins coupable de ressentir toutes sortes d'émotions que je considérais comme immatures... je sais maintenant que je peux faire face à cette situation et que je me dois d'être patient envers moi-même comme lorsqu'on attend le printemps et que l'hiver n'en finit plus. » D'ailleurs, tout comme l'impact positif sur l'estime de soi, les différentes études[25] montrent fortement qu'une démarche de bilan de compétences permet d'augmenter la connaissance de soi.

En somme, la construction d'une connaissance de soi avec les autres membres du groupe et les intervenants constitue une retombée fondamentale de la démarche de bilan de compétences. Face aux nombreux changements de la vie professionnelle, les personnes ont de plus en plus à se préoccuper de leur orientation; cette compréhension de soi peut permettre de prendre des décisions davantage en accord avec leurs ressources et leurs limites[26].

Comprendre ce qu'est une transition et mieux la vivre

Le processus de transition professionnelle n'est pas nécessairement connu de la population. Pour la personne, le fait de reconnaître qu'elle est en transition favorise la création d'un espace de réflexion privilégié. L'accompagnement offert durant cette transition permet à la personne de se rapprocher de son expérience, parfois difficile, afin de faire émerger les différentes phases associées à ce processus : le deuil, le neutre et le nouveau départ[27]. Dans ce sens, Annie indique : « [...] j'ai vu que c'est ok d'être en transition, j'ai saisi l'importance de vivre ma transition, mon deuil d'emploi. » Cette compréhension semble redonner à l'individu un certain

---

25. Voir Bataille, Mias et Saint-Jean, 2003; Bernaud, 1998; Camus, 2003; Ferrieux et Carayon, 1998; Gaudron et Croity-Belz, 2005; Gaudron, Cayasse et Capdevielle, 2001; Gaudron, Bernaud et Lemoine, 2001; Ripon, 1998.

26. Les résultats d'une étude sur la transférabilité des apprentissages dans le contexte de démarches de counseling d'orientation de Michaud (2005, 2003), nous indiquent toutefois qu'il faut soutenir la transférabilité des apprentissages tout au long de la démarche, si l'on souhaite que les personnes utilisent ce qu'elles ont appris dans le contexte de la démarche de bilan de compétences dans un autre contexte, notamment, en emploi et en recherche d'emploi. La schématisation des ressources et des limites personnelles et environnementales sous forme de portrait (voir le matériel de l'activité « Accuei l ») est une des stratégies soutenant la transférabilité.

27. Bridges, W. (1991). *Managing Transitions : Making the Most of Change.* New-York : Addison-Wesley.

pouvoir, que la situation soit choisie ou subie. Frédérik souligne : « [...] je n'ai pas choisi de perdre mon emploi, mais je sais que j'ai du pouvoir sur ma façon de vivre la transition. »

Certaines personnes ayant participé à la démarche de bilan de compétences nous ont dit avoir pris conscience qu'elles portaient dans leur quotidien des blessures liées à leurs transitions passées. Ainsi, elles ont revisité des passages difficiles de leur vie avec une plus grande compréhension de leur vécu et un éclairage nouveau. Nicole confie : « [...] j'ai compris que je vivais avec le spectre d'une perte d'emploi que j'ai vécue il y a plusieurs années et que je n'avais pas encore digérée. Je sais aujourd'hui que cela m'a amenée à vivre de la colère contre l'ensemble des employeurs. » Nous constatons souvent dans la pratique que cette plus grande compréhension de l'impact des anciennes transitions permet aux personnes une meilleure utilisation de leurs ressources dans la transition actuelle.

Dans les études consultées, certains auteurs considèrent le processus de transition comme inhérent à celui du bilan de compétences (Gaudron, Cayasse et Capdevielle, 2001; Ferrieux et Carayon, 1998). Toutefois, dans les résultats, nous ne retrouvons pas de données explicites concernant l'accompagnement lors du processus de transition. Les données qualitatives recueillies au COREE permettent de comprendre l'accompagnement des personnes dans la transition comme un apport essentiel. La connaissance du processus de transition qui mène à une meilleure compréhension de ses ressources disponibles dans cette situation déstabilisante nous apparaît comme une retombée importante de la démarche de bilan de compétences.

Partager son expérience avec les autres

Depuis plus dix ans, nous recueillons des commentaires extrêmement positifs sur les bénéfices du partage de son expérience avec les autres membres du groupe. Être membre d'un groupe permet de briser la solitude et l'isolement vécus par plusieurs personnes lors d'une transition professionnelle. Solange souligne : « [...] j'ai compris que je n'étais pas seule à vivre des difficultés, à me dévaloriser face à une perte d'emploi, j'ai ainsi pu briser mon isolement. » Dans ce commentaire, nous remarquons que Solange fait référence à son expérience de perte d'emploi. Même si plusieurs participants ont du support de leur milieu, ils trouvent rassurant, voire déculpabilisant, de constater qu'ils ne sont pas les seuls à vivre une période difficile. Dans le même sens, Francine nous dit : « [...] j'ai aimé qu'il y ait beaucoup de personnes dans la même situation que la mienne et que chacun en soit ressorti grandi et que c'est en échangeant que l'on apprend à connaître les gens. »

Lorsqu'un climat de confiance est installé dans le groupe, cela peut stimuler l'entraide, comme le souligne Mario : « [...] le groupe m'a permis d'apprendre à partager mon expérience avec les autres et à recevoir du feedback constructif. » Cette entraide permet aux personnes du groupe de s'investir davantage dans leur démarche et de contribuer à celle des autres.

Le groupe peut également se révéler une expérience de relations interpersonnelles positives, ce qui a parfois fait défaut dans le vécu professionnel de plusieurs participants. La structure du programme *Bilan de compétences* et le contexte convivial du travail au COREE peuvent être perçus comme un modèle de référence inspirant, comme le dit Pierre : « [...] À vous voir aller, ça me fait croire que c'est possible un milieu de travail où on est heureux. » Nous recevons régulièrement ce genre de commentaire concernant le climat de travail au Centre, notamment les relations entre les animatrices, les secrétaires et l'ensemble du personnel, ce qui révèle combien l'environnement peut supporter la démarche de bilan de compétences.

Nous avons peu d'information sur les bilans de compétences réalisés en groupe, car dans les études consultées, l'accent est plutôt mis sur les démarches individualisées. Toutefois, les commentaires de la clientèle du COREE nous permettent de croire que la formule de groupe ajoute une dimension significative au processus de bilan de compétences.

Identifier concrètement ses compétences

Les personnes qui participent au bilan de compétences vivent généralement un grand questionnement sur leurs compétences. Prendre le temps d'identifier concrètement ses compétences est l'un des apports les plus présents dans les commentaires des participants. Nous pourrions citer des milliers de commentaires sur les bénéfices d'avoir identifié et reconnu concrètement ses compétences. Mais l'élément essentiel à retenir de l'ensemble de ces commentaires est que ce processus d'identification, en apparence technique, permet en fait l'émergence des forces et des blessures inhérentes au besoin fondamental d'être compétent.

Plusieurs motivations conscientes ou inconscientes peuvent en effet être liées à ce souhait de faire le point sur ses compétences. Ainsi, sous-jacents au désir d'identifier clairement ses compétences, on retrouve souvent plusieurs enjeux liés à la conscience de soi : doute de soi, peu de reconnaissance de son potentiel, croyances irrationnelles, etc. Ces enjeux peuvent empêcher l'émergence de projets basés sur les ressources des individus. Louise, qui doutait de ses compétences au départ, précise à la fin de sa démarche : « [...] je ne pensais pas que j'avais autant de compétences. » Ce constat lui a permis de se maintenir en emploi, car elle percevait mieux ses compétences et trouvait donc plus aisé d'accepter des mandats stimulants. Elle constatait qu'elle abordait son travail avec une nouvelle perspective. Pour sa part, Luc nous parle de la reconnaissance de sa valeur comme travailleur : « J'ai appris que je n'étais pas niaiseux et que j'avais du bagage à transférer dans une nouvelle carrière. » L'identification de ses compétences a permis à Luc de sortir de l'impasse dans laquelle il se trouvait et d'entrevoir plus de possibilités d'emplois que ce qu'il croyait.

Comme son titre l'indique, le bilan de compétences amène les personnes à identifier clairement leurs compétences. Cette identification est l'une des principales retombées de la démarche dans la plupart des études consultées. Gaudron, Cayasse et Capdevielle (2001) décrivent qu'un des apports du bilan de compétences est de contribuer à faire évoluer le sujet par rapport à sa perception de ses compétences. L'accompagnement offert pour identifier ses compétences permet à l'individu de lever des doutes sur son potentiel et ses compétences, et ainsi d'entrevoir un avenir possible. Camus (2003, p. 119) abonde en ce sens en affirmant « [...] que les effets psychologiques du bilan porteraient plus précisément sur la prise de conscience de ses propres compétences ». Au-delà d'une identification technique des compétences, ces quatre auteurs valident nos constats sur l'effet bénéfique pour les individus de se sentir compétents avant d'identifier et de concrétiser un projet professionnel.

Préciser un projet professionnel

Un des buts fondamentaux de la démarche de bilan de compétences est d'amener l'individu à préciser un projet professionnel et personnel souple. La notion de projet du COREE se situe dans une perspective où l'environnement est en mouvement et incertain. Par conséquent, les participants sont amenés à identifier un projet optimal en lien avec leurs ressources et leurs limites, tout en considérant des compromis nobles. Dans ce sens, Doris dit : « [...] je me suis donné un projet qui a du sens pour moi et qui est réalisable dans le temps et compte tenu de ma réalité et celle du marché du travail. » Les propos de Suzanne donnent aussi un bon exemple de l'importance d'identifier un projet tout en étant conscient des compromis à faire : « [...] le bilan m'a permis d'identifier un projet de vie qui me permettra d'équilibrer mes désirs et de ne pas mettre toutes mes attentes dans mon travail ».

Dans notre perspective, se donner un projet vise d'abord à se motiver à passer à l'action avec une directionnalité souple qui permet de saisir les opportunités d'action se présentant pour se rendre au but. Comme le dit Richard, me donner une direction « [...] m'a permis de retrouver mon enthousiasme et des critères de sélection face aux offres qui me seront présentés ». Ainsi, élaborer un projet donne une destination qui permet à la personne de mieux évaluer les opportunités que le marché du travail lui offre et de mettre en place ce qu'il faut pour arriver à ses fins.

Dans les études consultées, nous constatons également que la détermination d'un projet professionnel constitue un apport important de la démarche de bilan de compétences. Pour plusieurs auteurs, le bilan dynamise les acteurs en les amenant à se projeter sur le marché du travail. Une étude portant sur les chômeurs de longue durée indique une importante hausse de projets professionnels clairs. La proportion de personnes ayant un projet précis est passée de 10 à 63 % au cours de la démarche. Celle-ci stimulerait donc la projection de soi dans un projet professionnel, et motiverait les acteurs à s'y engager. Au cours du bilan de compétences, « [...] le futur, loin d'être figé, étroit et sans véritables perspectives devient, au contraire, dynamique, plus étendu et rassurant » (Ferrieux et Carayon, 1998, p. 105). Toutefois, pour Gaudron, Cayasse et Capdevielle (2001), le bilan peut « [...] réduire ou produire de l'incertitude ». Ces derniers concluent que ce n'est pas tant la définition d'un projet qui lierait bilan et incertitude que la perspective d'un avenir fait de nouvelles possibilités. Cela rejoint notre vision du projet. Dans un contexte où le marché du travail est en constante mouvance, l'individu continue à vivre de l'incertitude même en ayant un projet défini. L'important dans la définition d'un projet n'est pas qu'il se réalise exactement comme il avait été conçu, mais qu'il agisse comme un moteur pour s'engager dans des actions cohérentes.

Se donner un plan d'action

Le plan d'action aide la personne à encadrer, guider et structurer la réalisation de son projet. Pour Simon, le plan d'action amène à établir ses priorités et avancer étapes par étapes pour réaliser ses projets. Loin d'être un cadre rigide ou limitatif, il constitue un engagement de la personne dans la réalisation de son projet. Il prévoit des actions concrètes et précises sur différents plans (professionnel, recherche d'emploi et personnel) afin d'aider la personne à atteindre ses buts. Réjean appuie aussi l'importance du plan d'action. Il soutient que « [...] le plan d'action va m'aider à réaliser mon projet en tenant compte de l'aspect personnel et professionnel ».

Bien qu'habituées à planifier certains aspects de leur vie, notamment l'aspect financier, certaines personnes ne planifient pas de manière concrète et précise les étapes à court, moyen et long terme pour réaliser un projet professionnel. Cet outil est donc apprécié, car il amène les gens à prévoir les étapes de réalisation de leur projet. Il permet de mieux structurer le temps et l'espace et de se fixer des échéances réalistes. Jean-Claude, ingénieur de formation, affirme que « [...] le plan d'action est un outil important de planification dans mon travail, mais je n'avais pas pensé le transférer à mon projet professionnel ».

Certains auteurs qui abordent le plan d'action dans leur étude en parlent comme un outil pour entreprendre les actions dans le présent. À l'instar de ce que démontre notre pratique et nos réflexions, le plan d'action est conçu par Gaudron, Cayasse et Capdevielle (2001) comme un outil de référence flexible, permettant à l'individu de mieux actualiser son projet ou de s'engager vers la destination envisagée. Autrement dit, la personne peut ajuster les actions, ajouter de nouvelles actions ou réviser le projet en fonction de son développement personnel et du mouvement de son environnement.

Avoir un accompagnement individualisé

Dans la démarche de bilan de compétences en groupe, un processus d'accompagnement individualisé est prévu. Les personnes voient leur conseillère ou conseiller à raison d'une rencontre par semaine[28]. Cet accompagnement individualisé amène les personnes à approfondir les contenus qui sont vus au cours des activités de groupe. Il leur permet surtout de mieux explorer et de mieux comprendre l'histoire développementale de leurs ressources personnelles et environnementales, ce qui peut occasionner des tensions susceptibles d'émerger dans le cadre du bilan de compétences. Ces rencontres sont aussi un lieu privilégié pour soutenir la personne à passer à l'action de manière cohérente avec sa compréhension de soi. De façon imagée, les rencontres individuelles permettent souvent de dénouer des nœuds de tension et de libérer la créativité enfermée dans la peur et le doute. Elles offrent un espace pour liquider des émotions et pour être soutenu dans la confusion que suscite la transition. Bernard exprime : « [...] les rencontres individuelles m'ont permis d'évacuer la colère et la peine liées à ma perte d'emploi et de mieux comprendre ce qui m'appartenait dans cet événement. » Pour certains, le vécu affectif semble plus facile à aborder en rencontre individuelle. De même, un des avantages perçus de la démarche est que chacun y trouve un espace d'expression qui lui est propre, tant en groupe que dans les rencontres individuelles. Simone explique : « [...] les rencontres individuelles, chaleureuses, compréhensives, m'ont permis d'avancer alors que je me sentais bloquée, face à un mur. »

Dans les études portant sur le bilan de compétences, la notion d'accompagnement prend une place importante[29]. D'ailleurs, l'accompagnement ressort comme un besoin très présent dans l'étude portant sur les chômeurs de longue durée. Pour les salariés en activité, Bataille, Mias et Saint-Jean (2003) posent comme principale conclusion à leur étude que « [...] l'accompagnement permet de réinterroger la place du bénéficiaire dans son entreprise, de modifier ses représentations et ainsi de retrouver une certaine confiance en soi qui l'autorise, malgré une perception

28. Le nombre de rencontres individuelles peut varier selon les besoins et les ressources de l'organisation. Par exemple, de 1991 à 1999, jusqu'à deux rencontres par semaine ont été possibles. Par la suite, des coupures budgétaires ont ramené les rencontres individuelles à une par semaine.

29. D'ailleurs, l'accompagnement fut l'objet principal d'un colloque international intitulé « Bilan de compétences et mutations : l'accompagnement de la personne ». Pour la publication des actes de ce colloque, voir : Pelois, C., Vivier, J. Aubray, J. et Boutinet, J-P. (2004). Bilan de compétences et mutations : accompagnement de la personne. Peter Lang : Berne.

initiale très négative, à solliciter les ressources de son entreprise et à s'impliquer dans un projet la concernant» (p. 120). Ces écrits et résultats d'études valident notre expérience de l'accompagnement dans le cadre d'une démarche de bilan de compétences, en ce sens que, sans un accompagnement spécialisé en counseling, les retombées attendues d'une démarche de bilan de compétences sont peu productives, et ce, peu importe la méthodologie utilisée pour identifier les compétences.

À la suite de nos analyses qualitatives, il est donc possible de constater plusieurs retombées significatives pour les personnes ayant suivi une démarche de bilan de compétences au COREE. Ainsi, cette démarche, avec sa structure particulière[30], agit sur l'estime de soi, la connaissance de soi, la compréhension de la transition, l'identification des compétences, la détermination d'un projet et la réalisation d'un plan d'action. De même, elle permet de vivre une expérience enrichissante d'accompagnement individualisé ou de partage en groupe de sa situation. Ces données soulignent la richesse de cette expérience auprès des personnes qui sentaient le besoin de faire le point sur leur carrière. Les apports de cette démarche, appuyés par les témoignages de plus de 1 000 personnes pendant 11 ans, démontrent la pertinence de s'intéresser au bilan de compétences. Cette satisfaction, exprimée dans les commentaires des participants a d'ailleurs assuré le maintien et le développement de cette démarche.

Les résultats tirés des études scientifiques et de l'expérience au service du bilan de compétences du COREE nous font conclure que le bilan de compétences répond d'une manière très satisfaisante à plusieurs besoins chez les adultes. Plus globalement, ce type de démarche a aussi des retombées importantes pour la société qui bénéficie de travailleurs se réintégnant au marché du travail ou suivant une formation. Afin de soutenir conceptuellement notre pratique du bilan de compétences, nous présentons dans le prochain chapitre le modèle du bilan de compétences que nous avons construit.

---

30. Consulter la partie portant sur l'intervention pour des précisions concernant la structure de la démarche.

CHAPITRE 3

Modèle du bilan de compétences

Ce modèle de bilan de compétences s'est construit à partir d'un processus itératif de réflexion et de confrontation de la perception des auteures de la théorie, des modèles en counseling et de la pratique. Ce modèle de bilan de compétences inclut trois phases, illustrées à l'aide de cercles dans la figure 2 : la rétrospective, la prospective et la réalisation.

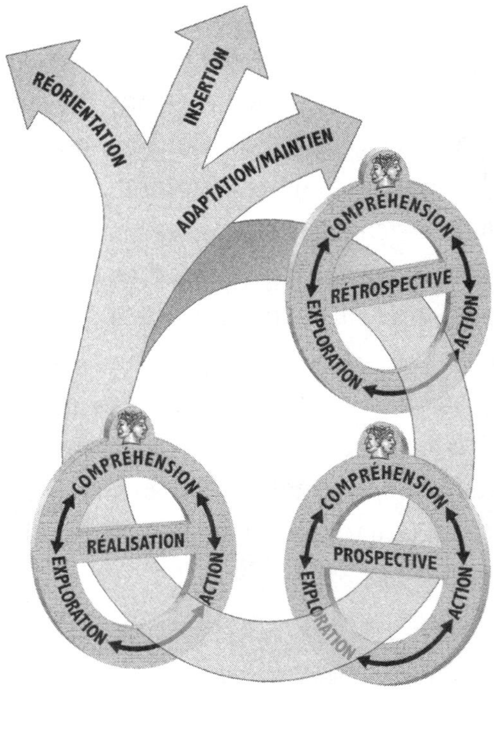

Illustration : Patrick Bizier

Figure 2

Voir aussi cette illustration à la p. 114

Au-dessus de chaque cercle se trouve la figure de Janus, un dieu de la mythologie romaine à deux visages opposés. Il représente le gardien des passages et des croisements, la divinité du changement et de la transition. Doué d'une rare prudence, il rendait le passé et l'avenir toujours présents à ses yeux. Janus nous apparaît donc tout désigné dans un contexte de bilan de compétences où la personne en transition est encouragée à revisiter son histoire passée pour mieux se projeter dans l'avenir. Sur une bande horizontale au centre de chaque cercle est précisé la phase du bilan de compétences dans laquelle se situe la personne : la rétrospective (passé), la prospective (futur) et la réalisation. Dans la bordure du cercle, sont inscrits les modes : exploration, compréhension et action. Ces modes sont liés par des flèches qui vont dans les deux sens pour illustrer que ce processus est dynamique et qu'il exige des aller-retour parfois très rapides d'un mode à l'autre au cours de la phase. Cette manière d'illustrer le processus dynamique de conscience réflexive de soi[31] vise à soutenir l'omniprésence de ce processus au cours de chacune des phases de la démarche de bilan de compétences. Ainsi, tout au long des trois phases du bilan de compétences, la personne est amenée à s'explorer, à se comprendre et à agir en fonction de cette compréhension. Le chemin entre les cercles représente le processus et la durée nécessaires à la démarche de bilan de compétences d'une phase à l'autre et se termine par la réorientation, l'insertion ou le maintien (adaptation).

Afin de bien saisir le processus de conscience réflexive de soi et les phases successives de ce modèle de bilan de compétences, nous présentons d'abord ses trois phases (rétrospective, prospective et réalisation) en mettant en évidence, à l'aide d'exemples concrets, la manière particulière dont le processus de conscience réflexive de soi (exploration, compréhension et action) se manifeste au sein de chacune des phases. Ensuite, pour bien ancrer la conception du processus de conscience réflexive de soi présent à chacune des phases, nous faisons un retour plus approfondi sur chacun de ces modes (exploration-compréhension-action). Cet approfondissement est suivi d'un tableau synthèse des interventions visant à soutenir le processus de conscience réflexive de soi dans chaque phase du processus de bilan de compétences. Enfin, nous terminons ce chapitre en présentant les particularités de notre modèle par rapport aux modèles qui nous ont inspirées.

31. Nous nous inspirons des théories humanistes (Rogers,1902-1987 et Maslow 1916-1972) et de Lecomte et Savard (2004).

Les phases du processus de bilan de compétences

La phase de rétrospective

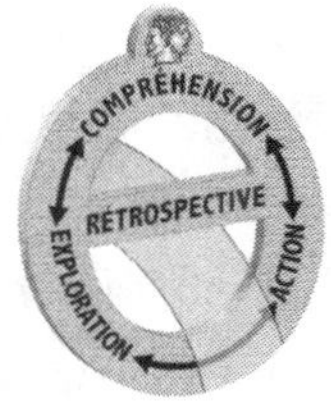

Dans ce modèle de bilan de compétences, nous avons prévu une phase de rétrospective cohérente avec notre conception de la motivation humaine. La motivation à se donner un projet prend sa source dans le passé d'une personne qui vit et agit au présent (Nutin, 1980). Ainsi, au cours de la phase de rétrospective, le but poursuivi est d'accompagner la personne dans l'exploration et la compréhension de l'histoire développementale de ses ressources et de ses limites personnelles et environnementales[32] dans les différentes sphères de sa vie (études, travail, famille, etc.). La personne peut dès lors entreprendre des actions liées à cette exploration et à cette compréhension. Cette rétrospective vise à faire ressortir les ressources personnelles et environnementales que la personne mobilise dans ses compétences selon des contextes donnés. Cette démarche d'identification de ses ressources permet, entre autres, à la personne de se les réapproprier. Cette réappropriation se réalise dans le dialogue avec elle-même, avec les autres à la fois et en rédigeant un portfolio de compétences. Dans notre processus de bilan de compétences, cette phase est cruciale, car elle constitue l'amorce de la réappropriation des compétences, qui amène souvent la personne ébranlée dans son vécu professionnel à reprendre confiance en ses compétences.

Dans cette phase, nous visons plus spécifiquement à faire la lumière sur la manière dont se sont construits les intérêts, les valeurs, les qualités et, plus globalement, les compétences de la personne. Nous visons également à amener la personne à comprendre les tensions vécues dans son passé entre ses intérêts, ses valeurs, ses aptitudes et ses croyances en lien avec son environnement. Par exemple, un échec scolaire peut signifier une tension importante entre des intérêts et des aptitudes de la personne. La compréhension de soi prend ainsi une place de première importance pour donner un sens à ce qui est exploré.

Les actions qui émergent de cette phase sont directement liées à cette compréhension de soi. Par exemple, Benoît réalise que son conflit avec son patron, qui a causé

32. **Ressources personnelles :** intérêts, valeurs, aptitudes, traits de personnalité, connaissances, etc.; **ressources environnementales :** argent, réseau social, transport, etc.

la perte de son dernier emploi, était en fait un transfert de la figure parentale de son père. Il a réalisé que sa relation avec son ancien patron était fortement teintée de sa relation avec son père. Il reproduisait avec son patron des comportements immatures tels qu'une colère excessive face à un refus, alors que, pour une personne de l'extérieur, ce refus pouvait paraître justifié selon le contexte organisationnel de l'entreprise. Cette compréhension l'a fortement déstabilisé dans sa perception de lui-même et dans sa façon d'entrer en relation avec l'autorité. Il a alors vécu une grande honte qui l'a amené à vouloir ridiculiser cette prise de conscience, car elle était difficilement tolérable pour lui. Après un nécessaire temps d'intégration et d'accompagnement de sa conseillère, sa grande motivation à se réinsérer sur le marché du travail et à se sentir mieux par rapport à sa dernière expérience l'a incité à retourner voir son ancien patron afin de clarifier la situation. Cette rencontre s'est très bien passée. Son ancien patron, impressionné du geste posé par Benoît, lui a même offert de lui écrire une lettre de référence.

Cette phase permet aussi d'aider la personne à explorer et à comprendre son vécu émotif, ses pensées, ses croyances et sa manière de s'autoréguler et de s'autoprotéger dans ses relations (dans son environnement) pour maintenir sa cohérence interne. Par exemple, dans son bilan de compétences en groupe, Marianne était très soumise et s'affirmait peu. La rétrospective lui a permis de comprendre qu'à travers son histoire, elle s'est sentie sévèrement jugée lorsqu'elle osait parler d'elle. Elle en avait conclu qu'il était préférable de ne rien dire pour ne pas risquer d'être blessée par des critiques. Au travail, elle cumulait les insatisfactions sans oser les nommer, ce qui a contribué à son épuisement professionnel. À la suite de cette prise de conscience, elle a décidé d'agir de manière cohérente avec sa compréhension de sa difficulté et d'utiliser le groupe pour expérimenter une nouvelle manière d'être avec les autres : lors d'activités, elle a pris sa place et s'est ainsi exposée à la critique des autres. Tout au long de sa démarche, sa conseillère a fait le lien entre son affirmation de soi en groupe et son éventuelle affirmation de soi dans un contexte de travail.[33]

D'autre part, la phase de rétrospective permet à la personne à la fois de donner un sens à son expérience de transition et d'y trouver une cohérence. Elle peut paver

33. Nous savons maintenant que les apprentissages en counseling d'orientation sont fortement imprégnés de leur contexte d'acquisition et que des stratégies particulières doivent être mises en place afin de soutenir leur transférabilité dans les contextes potentiels de travail (Michaud, 2003).

la voie à l'acceptation et à l'ouverture au changement vécu dans cette transition, qu'elle soit choisie ou subie. Dans cette rétrospective, la personne est donc amenée à explorer et à comprendre son vécu pour favoriser la possibilité de se projeter dans l'avenir. Cette phase crée l'ouverture à prendre conscience de sa façon de s'autoréguler et de s'autoprotéger dans ses relations avec les autres dans différents contextes (travail, école, famille et sociale)[34].

À la lumière de ce qui précède, il est légitime de se questionner sur la durée nécessaire d'une phase de rétrospective dans une démarche de bilan de compétences. En se référant au travaux de Bordin (1994) sur l'alliance de travail, on peut déduire que les tâches de la phase de rétrospective durent jusqu'à ce qu'elles permettent à la personne de redonner un sens à son vécu et de créer un espace pour se projeter dans l'avenir.

En résumé, dans le processus de bilan de compétences, la phase de rétrospective amorce la réappropriation des compétences. Comme on a pu le voir, le processus d'identification de compétences, en apparence technique, constitue en fait un défi dans l'intervention, car il suscite l'émergence des forces et des ressources, mais aussi des blessures souvent liées au besoin fondamental d'être compétent. Durant la phase de rétrospective, la personne a un espace privilégié pour faire le point et pour donner un sens à son expérience. Donner un sens à son expérience, c'est en quelque sorte réorganiser celle-ci à la lumière d'une compréhension plus approfondie, souvent plus empathique, de son vécu. Si, dans un premier temps, cette réorganisation est déstabilisante, elle est essentielle pour l'amorce d'un processus de changement qui mène la personne vers une cohérence de soi consolidée, en vue de se donner un projet professionnel. La phase de rétrospective pave aussi la voie à une meilleure compréhension du processus de transition actuel et passé, qui permet à l'individu d'ajuster ses actions pour mieux vivre sa période de transition.

Phase de rétrospective : ancrage dans la pratique

Afin de bien comprendre comment cette phase est mise en œuvre, nous présentons le processus d'accompagnement mis en place dans notre pratique en utilisant une

34. Pour nous, le contexte a une influence fondamentale sur la personne; il fait en quelque sorte « partie » d'elle. Dans ce sens, la personne doit toujours être considérée dans sa perception d'elle-même et de ses relations avec les autres « en contexte ».

étude de cas. L'utilisation d'un cas réel a l'avantage d'aider à mieux comprendre la complexité du processus de changement d'une personne à travers une démarche de bilan de compétences, dont le but est de se donner un projet professionnel[35] et de le réaliser.

Le cas de Marc

Marc a 58 ans; il se spécialise en dessin technique. Il désire faire un bilan de ses compétences, car il est actuellement dans une impasse par rapport à son insertion professionnelle. Il aime ce qu'il fait et il se sent compétent. Il ne remet pas en question le secteur d'activité dans lequel il œuvre, mais il explique ses difficultés d'insertion par son âge, l'incompétence des employeurs, l'incompréhension des anciens collègues de travail, etc. Il dit même avoir été victime de violence verbale et physique au travail. La solution qu'il envisage pour résoudre son problème d'insertion est d'élargir son champ de compétence en dessin technique en ajoutant un complément de formation en dessin de bâtiment. Pour Emploi-Québec[36], le problème d'insertion de Marc n'est pas un problème de qualification et sa demande de subvention pour une formation complémentaire dans son domaine est refusée. Marc s'attendait à voir son projet totalement défrayé par l'État. Il ne considérait pas d'autres possibilités de financer son projet. Dans la perspective de ce client, l'ajout d'un complément de formation constituait la seule chance d'augmenter ses possibilités de trouver un travail dans son domaine. Il ne voyait plus comment il pourrait s'en sortir. Après avoir entrepris plusieurs démarches de groupe pour développer ses stratégies de recherche d'emploi, l'emploi n'était toujours pas au rendez-vous. La souffrance provoquée par cette incapacité à s'insérer l'amenait à vivre une grande impuissance et à vouloir en finir avec la vie. Le seul fait d'être accepté dans le programme de bilan de compétences lui a procuré un certain espoir.

35. Le cas présenté est tiré de notre pratique de bilan de compétences en groupe. En plus de changer son nom, afin de minimiser les risques éthiques liés à l'utilisation de ce type de cas, nous avons pris la précaution de demander à la personne son consentement pour publier un cas qui s'apparente au sien dans ce livre.

36. Agence gouvernementale offrant aux individus et aux employeurs des services en insertion professionnelle ainsi qu'en maintien, stabilisation et création d'emploi.

Intervention dans la phase de rétrospective pour le cas de Marc

Lors de l'activité d'accueil 🗋[37], Marc est reçu avec les autres participants au programme *bilan de compétences*. Le fait de voir d'autres personnes qui vivent une situation semblable à la sienne brise l'isolement provoqué par le chômage et l'absence d'un support social satisfaisant. La deuxième activité proposée à Marc se déroule en groupe et s'intitule « historique » 🗋. Dans cette activité, il est invité à dégager ses intérêts et ses non-intérêts à partir de l'analyse de son histoire professionnelle et personnelle. Cette activité a déclenché beaucoup d'amertume chez lui, car il mettait surtout l'accent sur ce qu'il n'avait pas aimé, ce qui ne s'était pas bien passé dans son histoire tant au niveau des tâches que des relations interpersonnelles. La troisième activité proposée, qui se nomme « transition 🗋 », est venue alimenter le scénario que l'on avait commencé à identifier comme celui de victime (selon James et Jongeward, 1978). Dans l'analyse de sa ligne de vie 🗋, il avait tendance à percevoir de façon très négative l'ensemble des événements de son histoire. Marc se voyait dans un trou noir depuis plusieurs années, avec peu de possibilités de s'en sortir.

Lors de sa première rencontre individuelle, le scénario de victime est exploré et compris par le client. Marc dégage notamment les avantages qu'il en retire. En fait, il réalise que cela lui permet d'attirer l'attention, la compassion, de créer des liens et d'être écouté. Il comprend que cette façon d'entrer en relation avec les autres l'amène à répondre à ses besoins d'appartenance, d'amour et de pouvoir, mais il comprend aussi que, lorsqu'il met tout son pouvoir entre leurs mains, cela peut les irriter. Lorsque ses besoins ne sont pas satisfaits, il accuse les autres et vit beaucoup de déception et de tristesse.

À la suite de cette rencontre, il poursuit l'activité de groupe « mes compétences » 🗋. Cette activité le stimule et l'amène à identifier un nombre important de compétences qui, parfois, se recoupent ou ne sont pas fidèles à son histoire. Par exemple, il identifie des compétences en gestion, en administration et en gestion des ressources humaines, alors qu'il avait supervisé une équipe de techniciens en dessin que pendant trois mois. Il semble alors habiter le pôle opposé des deux activités de groupe précédentes. Ses échecs répétés pour se lier d'une manière

37. Lorsque ce sigle apparaît, il fait référence à l'activité du même nom dans la seconde partie de l'ouvrage (p. 107 et suivantes).

satisfaisante à son environnement de travail l'ont amené à douter de lui-même et à sentir le besoin de justifier ses compétences. En fait, il semblait avoir besoin de surévaluer ses compétences pour se donner une valeur professionnelle. Pour ce faire, il fait valoir exagérément les ressources qu'il peut mobiliser dans l'action et qui correspondent à des compétences. Une intervenante l'invite alors à réévaluer ses compétences actuelles en prenant bien soin de son estime de soi fragilisée[38]. Dans la dernière activité de la première semaine, intitulée « retour de la semaine » 🗋, il nomme sa satisfaction d'avoir identifié ses compétences et l'importance du soutien que lui apporte le groupe. Il apprécie la valorisation et le respect qu'il reçoit des autres participants. Il constate combien ce soutien lui manque depuis la mort de sa femme, 11 ans plus tôt, et il réalise qu'il n'a jamais comblé ce vide. Sa culture générale (musique, lecture, etc.) impressionne les membres du groupe et attire leur sympathie. Le groupe lui permet de développer des relations sociales significatives durant sa transition. Marc se sent entouré et cela lui apporte du réconfort.

Toutefois, lorsqu'on lui demande comment il se sent, Marc maintient une attitude négative envers lui-même : il n'y croit pas et ne voit pas les possibilités de changer la situation. Cette attitude permet aux intervenantes de présumer que le processus de compréhension a besoin d'être approfondi afin d'apporter un réel changement dans sa perception des difficultés qu'il rencontre. Marc pose des actions en se réappropriant ses compétences, mais il n'est pas encore prêt à agir en cohérence avec la compréhension de son histoire en modifiant, notamment, sa façon de se protéger en mettant de l'avant son côté « victime ».

La deuxième semaine commence avec l'activité « mes valeurs » 🗋, durant laquelle il clarifie ses valeurs avec l'aide du groupe. Cette activité est très significative pour lui, car cela lui permet de revisiter des valeurs qu'il a mises de côté depuis longtemps, notamment, les valeurs de créativité et de plaisir. La deuxième activité de la semaine, à laquelle il participe, s'intitule « rédaction du portfolio » 🗋. On remarque une fluidité dans la description de ses ressources, ce qui valide la piste que sa relation avec lui-même s'améliore : il est capable de décrire aisément ses forces et ses ressources. Sa blessure importante semble se situer dans sa façon

38. Identifier et évaluer ses compétences touche directement l'estime de soi. Accompagner une personne dans cette tâche exige beaucoup d'empathie des intervenantes et intervenants.

d'entrer actuellement en contact avec son environnement (marché du travail, collègues, famille, etc.). Cette difficulté, qui peut l'amener à douter de lui-même, ne lui enlève cependant pas la capacité de sentir qu'il possède des ressources. Cette vulnérabilité l'amène à présenter d'abord ses limites plutôt que ses ressources.

Lors de la deuxième rencontre individuelle, Marc souligne : « [...] je vis des hauts et des bas dans la démarche. » L'intervenante l'invite à préciser ce qui l'amène dans les hauts et les bas. Il nomme qu'il ne souhaite plus être une victime, mais qu'il met encore en place des comportements qui sabotent son désir et qui entretiennent ce scénario. Pour créer l'ouverture au changement et l'amener à développer des nouvelles attitudes, la conseillère d'orientation lui propose une mise en situation inspirée de la communication orientée vers les solutions (Peacook, 1999). Elle lui demande : « si le scénario de victime n'était plus là, qu'est-ce qui serait différent pour toi? » Marc indique : « J'aurais davantage confiance en autrui, je serais davantage entreprenant, j'aurais moins honte de ce que je suis, je serais plus positif, j'aurais un meilleur contrôle de ce que vis, j'aurais davantage de solutions à mes problèmes quotidiens, je me sentirais moins vulnérable, je serais plus sélectif au niveau du travail, j'aurais une plus grande facilité d'apprentissage et j'aurais une meilleure santé et une meilleure résistance aux virus de toutes sortes »[39]. L'intervenante lui demande alors : « Qu'est-ce que tu voudrais le plus? ». Marc lui répond : « Ce que je souhaite, c'est d'avoir l'espace nécessaire pour vivre les talents que j'ai dans la vie. » Marc s'inspirant de la réalité thérapie (Glasser, 1998), la conseillère d'orientation lui dessine alors sur un tableau une auto avec une représentation simplifiée de son organisation subjective.

39. À son arrivée au programme de bilan de compétences, Marc était partiellement paralysé physiquement et prenait beaucoup de médicaments pour contrer la douleur. Au fur et à mesure qu'avançait la démarche, son état physique s'est grandement amélioré et il a graduellement diminué sa dose de médicament.

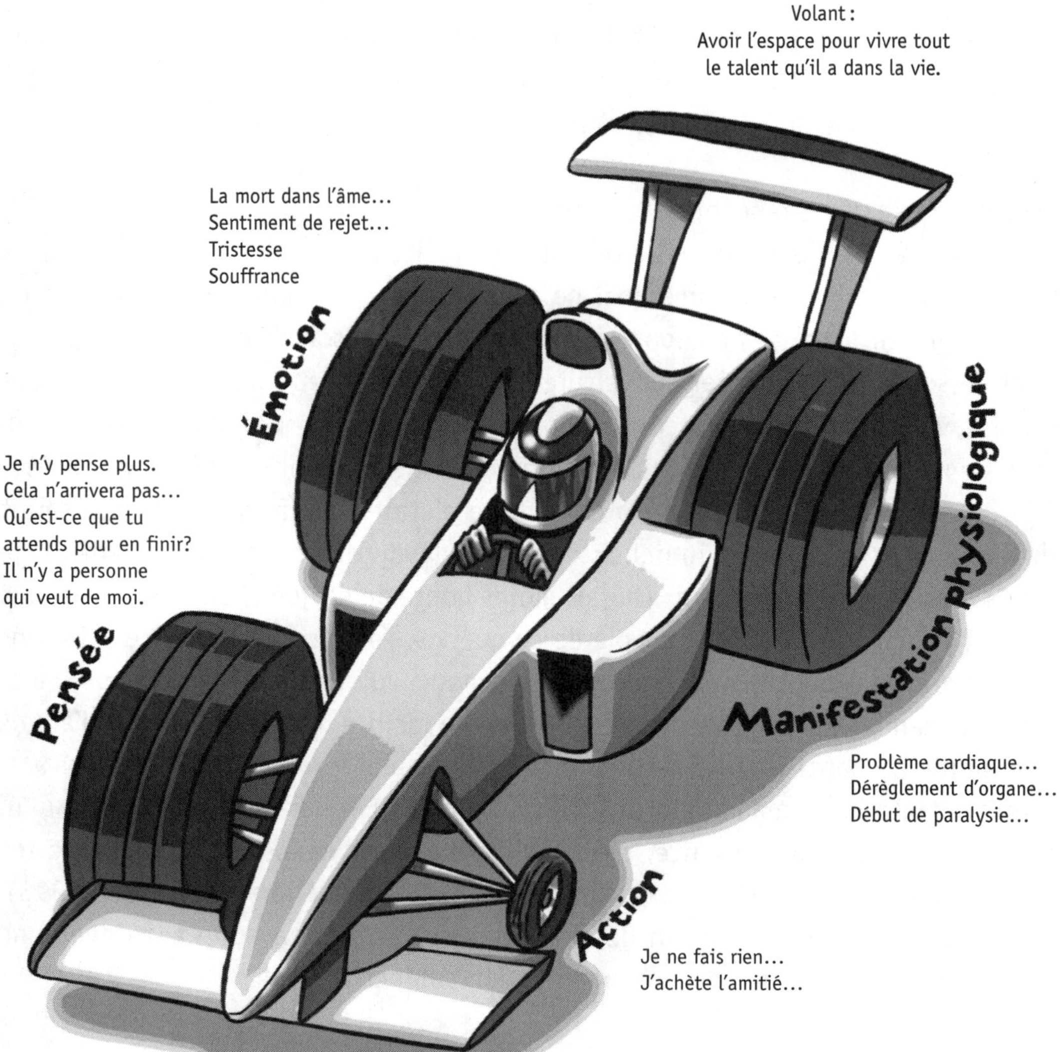

Illustration : Patrick Bizier

La grosseur des roues représente l'importance qu'occupe cette dimension dans la réalité de la personne. Le client fait une prise de conscience majeure concernant les actions posées pour répondre à ses besoins (volant). Il peut visualiser le déséquilibre actuel dans sa vie, qui rend difficile la réponse optimale à celui-ci. Il réalise qu'il ne pose pas les bonnes actions et que celles qu'il met en place ne l'aident pas à répondre à son besoin. Il reconnaît un certain mécanisme de sabotage qui l'amène à ne pas s'actualiser pleinement dans ses talents. Il remet aux autres le soin de l'amener à vivre ses talents plutôt que d'être proactif. Marc a besoin d'intégrer cette prise de conscience. Le lendemain, il prend du temps pour écrire ce qu'il ressent. Il utilise l'écriture pour assimiler cette compréhension de soi.

Le surlendemain, Marc assiste à une activité de groupe intitulée « synthèse et entraide » où il reçoit des rétroactions par rapport aux éléments de sa dynamique personnelle pouvant nuire à la réalisation d'un projet d'emploi ou la favoriser. Les membres du petit groupe insistent sur ses forces. Il est déstabilisé d'entendre les autres le reconnaître autant. Cette expérience va à l'encontre de ses expériences de travail antérieures, desquelles il a conclu que les autres sont peu validants et qu'ils sont menaçants pour son estime de lui-même. Marc avait des attentes négatives par rapport au regard des autres sur lui et il était certain que tout allait être négatif. La dynamique du groupe a permis à Marc de poursuivre les prises de conscience effectuées depuis le début de sa démarche et de réaliser qu'il a tendance à vivre la même scène en cherchant les rétroactions négatives des autres et même en les suscitant pour confirmer ses propres perceptions négatives de lui-même. Un lien important a été fait entre son attitude dans le groupe et son attitude en emploi et en recherche d'emploi. Dans ces contextes, il s'attend toujours à être rejeté des autres et cherche à provoquer le rejet. On peut penser, sans nier qu'il y ait une précarité importante sur le marché du travail, que cette attitude nuit à son maintien en emploi.

Ceci termine les activités consacrées à la phase de rétrospective du programme de bilan de compétences. On peut dire que cette phase a permis à Marc d'identifier un premier jet de ses compétences par l'exploration de son histoire professionnelle et personnelle. Pendant ce temps, il a aussi pu explorer et comprendre les principales tensions présentes dans son organisation subjective et dans son interaction avec son environnement. On souligne ici l'importance de s'attarder aux « ressources sous tensions » pour créer un espace qui va permettre l'émergence d'un projet. Comme nous venons de le voir, l'accompagnement qui a été offert à Marc est une combinaison d'interventions en counseling individuel et groupal durant lesquelles nous avons utilisé différentes techniques (techniques d'impact, réalité thérapie, etc.) visant à soutenir le processus de conscience réflexive de soi.

La phase de prospective

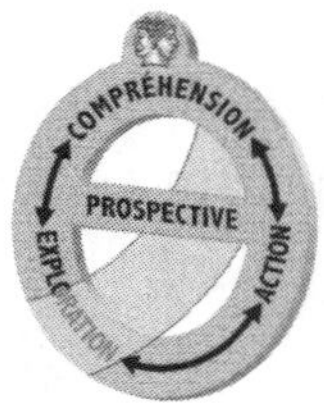

Alors que la phase de rétrospective se concentre sur le bilan de l'individu, la phase de prospective amène la personne à se projeter dans l'avenir. Dans le cadre d'un bilan de compétences, la phase de prospective nous apparaît essentielle, puisque le désir d'identifier un projet professionnel est l'une des principales sources de motivation d'une telle démarche.

À l'instar de Lecomte et Savard (2004), nous considérons que l'individu se trouve en constante tension entre le maintien de sa cohérence interne (situation actuelle) et l'ouverture au changement. Cette ouverture au changement, la tendance à aller de l'avant, à rompre l'équilibre et à aller au-delà d'un état de chose atteint, constitue d'ailleurs, selon Nuttin (1980), l'un des aspects essentiels de la motivation humaine. Les individus qui participent à la démarche de bilan de compétences sont souvent alimentés par le désir de changer un ou des aspects de leur vie personnelle ou professionnelle. Souvent, au mitan de la vie, ils souhaitent modifier ce qui bloque l'accès à un projet de vie satisfaisant et enrichissant. Le changement peut alors être perçu comme un tremplin vers une croissance personnelle et professionnelle. Il importe de souligner que ce désir de rompre l'équilibre est parfois si présent chez certaines personnes qu'elles résistent à identifier les compétences qu'elles ne souhaitent plus mettre en œuvre. Elles ont peur qu'en identifiant ces compétences, on les enferme dans un projet consommé ou qui ne convient pas. Par exemple, une cliente nous disait : « Je me suis toujours fait dire : tu es bonne là-dedans (la gestion), alors, je continuais... même si j'en avais souvent mal au cœur... » Autrement dit, en identifiant les compétences qu'elles ne souhaitent plus mettre en œuvre, ces personnes craignent de perdre leur pouvoir de changement en accueillant le reflet des autres à propos de leurs compétences.

Pour susciter l'émergence de nouveaux projets, nous utilisons des techniques d'intervention issues de divers horizons (humanisme, gestalttisme, ADVP, psychologie développementale, cognitivisme, etc.). Cet éclectisme dans nos méthodes est mis au service de la créativité, de l'innovation, du nouveau départ dont toute personne est porteuse par sa tendance naturelle au développement. En s'inspirant, notamment de Jung et Limoges et al. (1998), nous privilégions le jeu entre le nocturne et le diurne, ou, autrement dit, entre le conscient et l'inconscient. Par exemple, comme techniques d'intervention d'inspiration nocturne, nous utilisons la visualisation, la fantaisie ou l'analogie[40]. Nous utilisons aussi, lors de l'intervention individuelle, l'exploration et la compréhension des polarités en tension chez l'individu.[41] Par exemple, un individu peut posséder une polarité tendant vers le développement (qui veut foncer) et une autre qui tend plutôt vers le maintien d'une cohérence qui peut freiner l'identification d'un projet (qui a peur de s'engager). Par contre, nous utilisons plutôt des techniques diurnes ou conscientes pour l'exploration et la compréhension de l'information scolaire et professionnelle (ISEP), la prise de décision et l'élaboration de projet.

La spécificité de notre phase de prospective est qu'elle accorde une place explicite à l'exploration et à la compréhension de l'information scolaire et professionnelle (ISEP) ou, autrement dit, à ce qui touche à la formation et au marché du travail. Pour déterminer leur projet, les clients sont confrontés à la réalité actuelle du monde scolaire et du marché du travail. L'information scolaire et professionnelle n'est pas analysée de façon neutre, elle est plutôt traitée par l'individu à travers l'histoire développementale de ses intérêts, de ses valeurs, de ses aptitudes, de ses croyances et, plus globalement, de ses compétences. Par exemple, Josée s'est toujours dit qu'elle n'était pas assez intelligente pour réussir à l'université. En plus, personne dans sa famille n'avait fait d'études post-secondaires qui, selon ses parents, « [...] étaient de toute façon trop cher pour ce que ça donne »[42]. Pour elle, penser à aller à l'université, « [...] c'était comme vouloir aller sur la planète Mars ». À partir de son exploration professionnelle, Josée a ciblé trois professions en lien avec le domaine de la relation d'aide, qui nécessitent des études universitaires. D'emblée, elle a mis de côté ces professions, notamment à cause de sa peur de l'échec, de même qu'à cause de l'absence de soutien et de modèles dans son entourage familial, qui l'ont amenée à concevoir que l'université est un monde inaccessible, voire inutile pour elle. Face à cette réaction, sa conseillère l'a amenée à explorer et à mieux comprendre les liens entre sa façon de mettre de côté un éventuel retour aux études qui favoriserait son développement professionnel et

40. La visualisation, la fantaisie et l'analogie constituent des manières privilégiées d'atteindre notre monde intérieur, notre subconscient et de l'amener à la conscience à l'aide d'images mentales.

41. Cette technique s'inspire de la gestalt -thérapie, mais aussi de la psychosynthèse, avec le concept de subpersonnalité. Pour ce concept, voir Molly Young Brown (1984), *Le déploiement de l'être. La relation d'aide en psychosynthèse*. Centre d'intégration de la personne : Québec.

42. Les parents de Josée lui donnaient souvent des exemples de personnes qui ont fait des études post-secondaires et « qui se sont ramassées sur l'aide sociale de toute façon ». Le discours dominant dans la famille était clairement contre les études « avancées ».

personnel, et ses croyances construites et co-construites dans le contexte familial et social. Le défi de l'intervention dans cette phase est d'accompagner la personne pour qu'elle agisse de manière cohérente avec sa compréhension d'elle-même et qu'elle intègre cette information qui peut la mettre en tension entre ses ressources, ses limites, ses espoirs et ses peurs.

Par ailleurs, plusieurs recherches récentes font état à la fois de difficultés de compréhension de l'ISEP et de la complexité pour l'individu de la mise en relation de l'ISEP avec ses ressources personnelles et environnementales[43]. Ceci démontre l'importance d'une phase où la directionnalité est d'accompagner l'individu dans l'exploration de l'information scolaire et professionnelle, mais aussi dans la compréhension de la manière dont ces informations sont perçues, conçues, vécues et traduites ou non en projet d'insertion, de formation ou de maintien. Ce rôle de guide se révèle particulièrement important dans un contexte du marché du travail en mouvement et incertain, où la personne peut se sentir confuse et vivre de l'insécurité face à ses choix et, plus globalement, face à son projet professionnel.

Il importe de souligner que, dans la phase de prospective, l'exploration se situe à deux niveaux. La personne explore l'ISEP, puis ce que ces nouvelles informations suscitent chez elle en termes de peurs, d'espoirs, de croyances, etc. Elle est incitée à comprendre ces informations à partir de l'histoire développementale de ses intérêts, de ses valeurs, de ses qualités et de ses compétences. La personne est ensuite incitée à entreprendre des actions en lien avec ces nouveaux éléments de compréhension. Elle peut ainsi faire des aller-retour entre sa compréhension d'elle-même et l'action concrète d'explorer l'ISEP. L'action que pose l'individu peut aussi répondre à un enjeu de changement en lien avec les peurs qui réduisent son pouvoir d'agir. Par exemple, dans l'activité « mon idéal d'emploi » 🗋, les personnes effectuent un rituel qui les amène à jeter à la poubelle une de leurs peurs. Ce rituel est généralement significatif, car la personne amorce ou poursuit un processus de changement par rapport à cette peur, plutôt que d'être entièrement guidée par celle-ci. Toutefois, il importe de préciser que ce rituel n'amène pas à nier ni la peur ni le risque que la personne prend en se donnant un projet professionnel. Il vise plutôt à apprivoiser cette peur pour qu'elle ait moins d'impact sur la détermination d'un nouveau projet professionnel.

43. Voir, entre autres, Gingras et al. (2001), Savard et Michaud (2005); Michaud, 2003.

Notons que la phase de prospective de notre processus de bilan de compétences exige l'accès à de l'information scolaire et professionnelle variée. Des rencontres d'information avec des personnes exerçant des métiers ou des professions envisagés, de même que des stages d'un jour dans des établissements de formation, sont prévus dans cette phase. Ces rencontres ou ces stages permettent de compléter les informations et d'avoir une vision réaliste et concrète d'un métier, d'une profession ou d'une formation.

La phase de prospective et ses buts déclenchent des tensions entre le maintien de la cohérence de soi et l'ouverture à un changement significatif sur les plans professionnel et personnel. En effet, dans l'identification d'un projet, une personne peut inclure de nouvelles données qui viennent ébranler le maintien de son organisation interne. Ainsi, cette phase de confrontation avec les possibilités, mais aussi les contraintes de son environnement (le marché du travail, les programmes de formation, etc.), fait inévitablement émerger des enjeux importants chez la personne. Ce moment est propice à l'apparition des mécanismes d'autoprotection de la personne, identifiés dans son histoire. Ces mécanismes se manifestent pour assurer le maintien d'une cohésion de soi.

En résumé, dans la phase de prospective, la directionnalité consiste à amener la personne à explorer et à comprendre les tensions entre le maintien dans le connu (sens de soi) et l'ouverture à l'inconnu que peut apporter l'identification d'un projet professionnel de réorientation, d'insertion ou de maintien en emploi. En fait, l'identification d'un projet professionnel amène un objectif de changement qui doit être tolérable et intégrable pour la personne, et ce, en lien avec ses ressources personnelles (intérêts, valeurs, connaissances, aptitudes, croyances) et environnementales (réseau, argent, etc.). Maintenant, voyons comment Marc vit cette phase de prospective.

Ancrage dans la pratique

Le cas de Marc

La phase de prospective est amorcée par une activité de visualisation 🗋 qui amène les participants à se projeter dans leur avenir professionnel. Pendant cette activité, Marc se voit dans le même type d'emploi qu'il occupait auparavant, soit celui de dessinateur. Il se sent bien et retrouve ce qui avait été positif pour lui dans ses emplois antérieurs. Il se sent en paix et entouré de collègues stimulants et sympathiques. Cette visualisation le pousse à émettre un objectif d'exploration professionnel directement lié à son ancien domaine d'emploi. Marc réalise que certaines peurs alimentent les perceptions négatives qu'il entretient face à un environnement de travail. Cette analyse lui fait revisiter les processus de sabotage qu'il met en place pour éviter de réussir.

Lors de sa rencontre individuelle, Marc décide de poser des gestes pour nuancer davantage ses perceptions négatives liées au travail. Il se sent moins victime et perçoit que les autres ne sont plus là uniquement pour lui nuire. Dans le groupe, il a davantage d'énergie et il arrive à l'activité de groupe sur l'exploration professionnelle 🗋 avec de l'ouverture et une confiance de trouver des informations aidantes pour son projet. Cependant, lors de l'activité, il prend conscience que les perspectives d'emploi dans son domaine sont très restreintes en Estrie pour les quatre prochaines années. Ce constat le décourage et il vit de la confusion et de l'impuissance face au marché du travail. Cet état de déstabilisation l'incite à demander une rencontre individuelle supplémentaire à sa conseillère.

Cette rencontre l'amène plus loin dans la compréhension de ce que lui fait ressentir sa situation de sans-emploi. Il comprend alors qu'il est envahi par des sentiments de culpabilité, de honte et de rejet. Il croit que personne ne veut de lui, et cela éveille de vieilles blessures d'enfance. L'exploration professionnelle vient donc confirmer sa croyance, qu'il n'y a pas de place pour lui sur le marché du travail. La confrontation de ses idées irréalistes l'amène à réaliser le peu de pouvoir qu'il se donne dans sa vie et le côté non aidant de ses pensées. Marc sent alors qu'il crée lui-même son propre piège, mais il se demande pourquoi il n'a pas vu ça avant ni comment il pourrait faire autrement. Le client utilise une image pour exprimer sa situation : « Comment je peux arrêter de traîner mon sac à poubelle. » La conseillère et Marc établissent un plan d'action pour la semaine. Marc identifie alors les actions qu'il peut poser pour modifier ses croyances et mieux y faire face quand elles surviennent.

Par ailleurs, dans la phase de prospective, beaucoup de temps est accordé aux clients pour faire de l'exploration professionnelle. Marc passe alors beaucoup de temps au centre de documentation pour trouver des alternatives à son premier choix professionnel. Il se fait des listes de milieux d'emplois potentiels dans son domaine. Il reçoit beaucoup de soutien du conseiller en information scolaire et professionnelle dans ses démarches[44]. Il recontacte son pouvoir et se sent à nouveau stimulé par ses possibilités professionnelles.

Lors de l'activité « amorce de mon projet » 🗋, le client se positionne par rapport à ses axes de développement (pouvoir, avoir, aimer, être)[45] et fait un lien important avec ses valeurs. Marc prend conscience que, dans le passé, il n'accordait pas beaucoup de temps aux axes « *aimer* » et « *être* » dans ses projets. Il réalise aussi que, depuis la mort de sa femme, il a mis de côté son besoin de plaisir. En fait, l'emploi et la recherche d'emploi prenaient tout son temps. Dans les thermomètres du présent et de l'avenir 🗋, il prend conscience qu'il veut avoir du temps pour faire ce qu'il aime et pour développer des liens sociaux, et ce, peu importe sa situation en emploi. Il veut se donner de l'espace pour vivre tous les talents qu'il possède et développer des liens significatifs. Durant cette activité, il fait une ébauche de son projet professionnel et en fait la lecture devant les autres : il est fier de lui, malgré l'hésitation qui continue de le tenailler. Il termine la phase de prospective en ayant une idée plus claire de ce qu'il souhaite dans sa vie personnelle et professionnelle future.

Lors de l'activité « présentation de mon projet » 🗋, dernière de la phase de prospective, les membres du groupe agissent à titre de conseil des sages. Ils donnent de la rétroaction à Marc par rapport au réalisme de son projet, à ses forces et aux points à améliorer pour augmenter les chances de réaliser ce projet. Ces « sages » ont également comme mission de proposer des pistes d'emploi à Marc. Ils lui soulignent les forces suivantes : son niveau élevé de connaissances générales et d'instruction, ses nombreuses années d'expérience professionnelle, ses capacités techniques, son sens de l'humour, le plaisir que les gens ont à le côtoyer, sa capacité à se reconnaître des qualités même dans les moments difficiles de même que l'optimisation qu'il a toujours fait de ses compétences. Les éléments pouvant nuire à son projet sont : son air découragé et désabusé, la perception négative qu'il entretient de son âge, l'impression de pas croire en son projet, d'anciennes blessures

44. Étant donné l'importance accordée à l'information scolaire et professionnelle (ISEP) dans le cadre de l'intervention en orientation, un professionnel en ISEP est disponible en tout temps au centre de documentation du COREE.

45. Voir la partie conceptuelle sur le projet, notamment Goguelin et Krau (1992).

qu'il semble traîner, son niveau d'exigences élevé envers lui-même, son attitude négative par rapport à sa situation. Par ailleurs, les membres du groupe proposent des pistes d'emploi. Ils suggèrent à Marc de se lancer en affaires comme travailleur autonome dans son domaine et d'offrir des services de consultation et d'exécution de travaux techniques. Ils lui mentionnent aussi que cela serait avantageux d'augmenter sa mobilité professionnelle. En effet, Marc a souligné que l'on trouvait des emplois dans les régions avoisinantes. De même, les membres du groupe lui suggèrent de s'ouvrir à la possibilité d'effectuer des emplois connexes comme celui d'acheteur. Marc est ébranlé par ces commentaires. Il a tendance à nouveau à se centrer uniquement sur les limites mentionnées par les « sages » et ne retient pas les réactions positives. Cela fait monter en lui une grande tristesse de même que de la colère de voir que les autres perçoivent les attitudes qu'il met tant d'efforts à changer depuis le début de sa démarche. Comme le suggère le sens commun à propos du changement, il croyait que changer serait en quelque sorte instantané à la suite de ses prises de conscience.

En somme, dans la phase de prospective, nous avons été témoins du mouvement dans le processus de développement de soi de Marc. Ainsi, Marc a visualisé son idéal d'emploi. Il a tenté de se projeter dans un emploi de dessinateur mécanique, mais les perspectives peu favorables du marché du travail l'ont encouragé à remettre en place ses mécanismes d'autoprotection. De plus, les rétroactions des membres du groupe ramènent rapidement Marc dans des émotions et des pensées négatives. Ces obstacles entraînent Marc à envisager de baisser les bras et de cesser toute exploration professionnelle. Le counseling effectué avec son intervenante lui a permis de mieux comprendre ses mécanismes d'autoprotection et à mettre en action des stratégies plus aidantes dans son exploration professionnelle. Le cas de Marc permet de comprendre qu'il n'existe pas de changement magique pour modifier des mécanismes d'autoprotection mis en place depuis l'enfance. Par notre pratique du bilan de compétences, nous confirmons que les changements en profondeur se réalisent tranquillement et qu'ils nécessitent de nombreuses rétroactions et plusieurs aller-retour pour le client, entre sa manière habituelle de se réguler et celle qu'il souhaite mettre en place.

La phase de réalisation

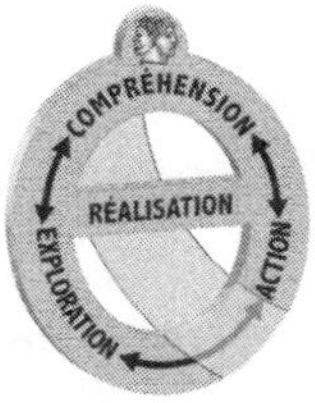

La phase de réalisation du bilan de compétences est celle où l'on accompagne la personne pour qu'elle concrétise son projet. Dans ce sens, la personne est encouragée à envisager des pistes d'actions qui vont lui permettent d'agir de manière cohérente avec sa compréhension de soi. Un plan d'action est élaboré afin d'identifier les étapes qui mèneront à la réalisation du projet sur les plans professionnel, personnel et de la recherche d'emploi. C'est le projet qui devient alors un trajet (Boutinet, 1990) vers la réorientation, l'insertion, l'adaptation ou le maintien en emploi.

Durant la phase de réalisation, nous avons noté que les peurs, les craintes et les reculs surgissent souvent avec plus d'intensité chez certaines personnes. Nous amenons alors la personne à comprendre les tensions qui émergent face à la concrétisation de son projet. Le défi, pour l'intervenant, consiste à soutenir l'espoir de la réalisation du projet tout en tenant compte des craintes que suscitent les changements liés à cette réalisation. Ainsi, l'intervention vise à amener la personne à considérer ses enjeux internes face à la réalisation de son projet. Par exemple, Marie-Claude, qui était fort enthousiasme face au projet de se réorienter en infographie durant la phase de prospective, rencontre des difficultés à identifier les étapes pouvant la mener à la réalisation de son projet. Elle ressent de la fatigue et de l'ennui face à la rédaction de son plan d'action. Elle remet même en question l'utilité d'un tel plan, puisqu'elle sait ce qu'elle a à faire. Pour elle, il devient alors inutile de l'écrire. En rencontre individuelle, sa conseillère l'a invitée à laisser un espace de parole à la partie d'elle qui ne voulait peut-être pas de ce projet. D'abord surprise, Marie-Claude a pu comprendre qu'elle avait laissé peu de place, jusqu'à présent dans sa démarche, à ses doutes et à ses hésitations face aux nombreux efforts à faire pour retourner aux études. Sa résistance à rédiger son plan d'action, son ennui et sa fatigue étaient, en quelque sorte, les moyens que prenait cette partie d'elle pour être entendue dans son doute. En s'approchant de cette partie d'elle et en la mettant en dialogue avec sa partie enthousiaste, mais un peu rigide face à la réalisation de son projet, elle a pu considérer ses enjeux internes et en tenir compte dans son plan d'action. Du coup, sa fatigue et son ennui se sont volatilisées et le plan d'action est devenu très pertinent. Cette prise de conscience a amenée Marie-Claude à reconsidérer une formation de manière accélérée, dans une école privée. Elle a plutôt choisi de faire sa formation dans le secteur public, tout en continuant à travailler à temps partiel, pour diminuer les coûts directs de son projet.

L'essence de cette phase de réalisation consiste donc à amener la personne à tenir compte de ses espoirs et de ses craintes face à la réalisation de son projet. Le principal piège dans l'intervention est de se centrer sur les espoirs, en mettant de côté ou en minimisant les craintes et les tensions déclenchées par la réalisation du projet. En tenant compte à la fois de l'espoir et des craintes, nous aidons la personne, dans le respect de ses limites, à maintenir l'ouverture pour un projet porteur de sens pour elle. Évidemment, il se peut que le projet initial évolue en cours de réalisation, mais ce qui importe est que la personne agisse en lien avec sa compréhension d'elle-même. Dès lors, c'est le trajet vers le projet qui devient important. Par exemple, Monique réalise qu'elle est très angoissée lorsque vient le temps de faire une liste d'employeurs potentiels. Elle a peur de les déranger en les contactant. Monique comprend qu'elle s'est sentie humiliée lors de sa dernière recherche d'emploi et réalise qu'elle ne veut pas être ébranlée à nouveau dans la confiance en elle que sa démarche bilan de compétences lui a permis de rebâtir. Dans ses actions, Monique choisit de commencer par des étapes qui sont plus faciles et qui solidifient sa confiance, tout en sachant qu'elle prend le risque d'être humiliée. Lorsqu'elle se sent en pleine possession de ses moyens, elle choisit d'appeler les employeurs. Le fait de mettre en tension son ouverture au changement et le risque associé lui permet de prendre du pouvoir sur sa situation. En accueillant le risque, elle maximise l'utilisation de ses ressources au service de son projet de se trouver un emploi dans son domaine.

La phase de réalisation a trois principales finalités : une réorientation, une insertion ou un maintien en emploi nécessitant une adaptation. Ces finalités guident les actions pour réaliser le projet. Dans la réorientation, nous désignons les personnes qui doivent d'abord passer par une formation ou une reconnaissance formelle de leurs acquis pour réaliser leur projet professionnel. La phase de réalisation permet à ces personnes d'identifier les actions à poser afin de concrétiser cette première étape de formation ou de reconnaissance.

Dans l'insertion, nous désignons les personnes qui vont directement chercher de l'emploi sans retourner en formation ou sans passer par un processus formel de reconnaissance des acquis. Cela inclut les personnes qui ont choisi de chercher dans leur domaine principal d'expérience et celles qui ont identifié un nouveau champ de pratique possible grâce au transfert de leurs compétences. Pour ces personnes, la phase de réalisation est l'amorce du processus de recherche d'emploi. Selon les besoins des individus, cette recherche sera soutenue par un service spécialisé en recherche d'emploi ou elle se réalisera de façon autonome. Nous incluons aussi dans cette finalité les personnes qui souhaitent démarrer leur entreprise ou devenir travailleur autonome.

Dans le maintien en emploi nécessitant une adaptation, nous désignons les personnes qui sont déjà en emploi et qui ont comme projet de se maintenir en emploi d'une manière plus satisfaisante. Les actions à identifier peuvent être, par exemple, d'enrichir leur tâche, de mettre en place des stratégies pour éviter l'épuisement, d'augmenter ou de diminuer leur temps de travail, etc.

Enfin, comme nous l'avons souligné dans notre explication de la phase de prospective, certaines personnes ne se sentent pas en mesure à la fin de leur démarche de se doter d'un projet professionnel clair. La phase de réalisation constitue, dans ces cas particuliers, un moment pour se donner des objectifs réalistes afin de prendre soin de ce qui bloque l'émergence d'un projet ou, tout simplement, de laisser le temps nécessaire à l'émergence d'un projet. Les actions envisagées dans le plan d'action sont, par exemple, prendre du repos, faire un suivi psychologique, terminer un processus de divorce, etc.

En résumé, lors de la phase de réalisation du bilan de compétences, la personne est amenée en tenant compte de ses tensions, à identifier les pistes d'action concrètes menant à la réalisation de son projet sur les plans professionnel, personnel et de la recherche d'emploi.

Le cas de Marc

La phase de réalisation débute par l'activité « plan d'action » 🗋. Marc rédige les actions qu'il veut mettre en place dans sa vie sur les plans professionnel, personnel et de la recherche d'emploi. Il partage ensuite celles-ci avec un autre membre du groupe, mais semble détaché de ce qu'il lit. Il se centre davantage sur son partenaire que sur sa propre réalité. Il semble se couper des émotions que suscite le plan d'action. Ce n'est qu'en rencontre individuelle qu'il partage ses inquiétudes.

Lors de cette rencontre, Marc réalise qu'il souhaiterait changer ses attitudes non aidantes pour son projet. Cependant, il se sent dépassé par cette démarche de changement. Il a peur de voir rapidement ressurgir son scénario de victime et d'être paralysé. Le fait de quitter le groupe l'amène à toucher à sa peur de s'isoler à nouveau. Il se dit bien entouré dans le groupe et voudrait que ce tissu social demeure. La conseillère accueille ses peurs et lui propose des actions pour répondre à ses besoins. En plus des rencontres de suivi, elle lui fait part de la possibilité d'obtenir un accompagnement dans le cadre d'une mesure de développement de l'employabilité, nommée « counseling préparatoire à l'emploi ». Le client est enchanté que cette solution s'offre à lui.

Le programme se termine avec l'activité « évaluation et clôture ». Marc est très touché. Lorsqu'il se présente en avant pour dire aux autres ce qu'il a retenu de la démarche de bilan de compétences, il éclate en sanglots. Il mentionne que cette démarche a été très significative pour lui. Elle lui a redonné confiance en lui-même et en la possibilité de trouver des environnements satisfaisants sur le marché du travail. Il dit avoir été écouté, apprécié et valorisé comme une personne intéressante et importante dans la société. Le fait d'avoir vécu une expérience d'inclusion dans un groupe est venu mettre un baume sur son sentiment d'être rejeté de la société. Il constate qu'il a une valeur comme individu et qu'il a entretenu des « saboteurs » qui nuisent considérablement à son épanouissement personnel. Il soutient même que son passage au bilan de compétences a été une guérison pour lui. Il a guéri de vieilles blessures et conscientisé l'impact de celles-ci sur sa manière de percevoir sa vie. Il voit que le vent vient de tourner pour lui et que les voiles changent de direction. Il manifeste sa gratitude dans une lettre aux intervenantes. Il y souligne qu'il a grandement apprécié l'accompagnement reçu au cours de sa démarche.

Dans le mois qui suit la fin de la démarche de bilan de compétences, Marc revoit sa conseillère lors de deux rencontres de suivi. Selon son plan d'action au plan professionnel, il devait rencontrer son agente du Centre local d'emploi (CLE). L'intervenante fait un retour sur les résultats de cette rencontre. Elle revient également sur les pensées que Marc entretient dans ses démarches d'action. Celui-ci réalise qu'il continue à maintenir des pensées néfastes pour lui telles que « Tu devrais avoir honte, demande rien tu n'as besoin de rien, tu n'es pas capable de rien faire, etc. ». La conseillère identifie avec lui des actions à poser quand ce type de pensées survient. Puis, ils s'entendent pour fixer le début du processus de counseling préparatoire à l'emploi, dans lequel Marc travaillera les obstacles qui nuisent à son insertion et à son maintien sur le marché du travail. Lors du suivi de groupe[46], le client est emballé de revoir les autres. Il se dit fier des actions qu'il a posées au cours du mois et il voit que la réalisation de son plan avance à grands pas. La démarche de bilan de compétences se termine sur une note positive pour lui.

En somme, dans la phase de réalisation, Marc a identifié les pistes lui permettant d'agir de manière avec ce qu'il avait compris de lui-même dans les phases précédentes. Son projet implique un maintien dans son domaine professionnel et un accompagnement spécialisé lui permettant de mieux composer avec sa perception des obstacles à l'emploi. Cette démarche vise directement l'insertion professionnelle. Cependant, comme nous l'avons précisé dans notre explication sur la phase de réalisation, il arrive que le projet des clients change en cours de route. Ce fut le cas pour Marc qui, lors de ses démarches de recherche d'emploi, a réalisé qu'il souhaite élargir ses possibilités d'emploi en allant chercher des connaissances techniques complémentaires en dessin de bâtiments. Avec les prises de conscience effectuées lors du bilan de compétences, il sent qu'il possède davantage de pouvoir sur son choix. Il n'attend plus d'être subventionné par l'État pour mettre en action son projet. Ainsi, il s'inscrit à une formation au DEP en dessin de bâtiments et se considère très heureux de ce choix. Dans son stage de fin de formation, il obtient un emploi de dessinateur en architecture. Il est très satisfait de cet emploi où il se sent reconnu et apprécié.

Ainsi, notre modèle de bilan de compétences prend forme à travers les phases systématiques de rétrospective, de prospective et de réalisation. À l'intérieur de chacune de ces phases, nous avons mis en relief la manière dont peut se déployer le processus de conscience réflexive de soi. La section qui suit permettra d'approfondir ce processus complexe, omniprésent dans chacune des phases d'un bilan de compétences.

46. Ce suivi de groupe a lieu environ un mois après la fin du groupe.

Le processus de conscience réflexive de soi

De manière générale, nous nous inspirons des théories humanistes qui insistent sur l'importance de la conscience et de la conscience de soi (Rogers 1902-1987 et Maslow 1916-1972) et, plus récemment, de Lecomte et Savard (2004)[47], qui ont construit un modèle d'intervention basé, entre autres, sur la conscience réflexive de soi en action. Tout au long des trois phases du bilan de compétences, la personne est amenée à s'explorer, se comprendre et agir de façon cohérente avec cette compréhension.

Conscience réflexive de soi : mode « exploration »

Mais qu'explore-t-on à travers une démarche de bilan de compétences? En phase de rétrospective, nous amenons la personne à explorer ses ressources personnelles (ses intérêts, valeurs, qualités, croyances et connaissances) et ses ressources environnementales (réseau social, soutien, etc.) ainsi que ses limites dans différents contextes de vie (travail, étude, famille, bénévolat, etc.). Une place importante est accordée aux dimensions affectives, cognitives, comportementales, somatiques, contextuelles et relationnelles[48], lors de l'exploration. Cette exploration permet à la personne un premier défrichage des ressources constituant la base de ses compétences et des difficultés qu'elle rencontre au cours de son développement.

Dans la phase de prospective, l'exploration se fait à la fois sur le plan de l'information scolaire et professionnelle et de l'expérience déclenchée par ces informations. Nous considérons que l'information n'est pas neutre pour la personne, car elle est traitée selon les ressources et les limites personnelles et environnementales de celle-ci. Ainsi, nous amenons la personne à explorer l'information en tenant compte de ses émotions, pensées, croyances, comportements, réactions corporelles et stratégies relationnelles. Par exemple, se donner le droit d'explorer des métiers et des professions est à la fois excitant et angoissant pour Jean-Claude. Il a beaucoup d'espoir face à sa réorientation professionnelle et, en même temps,

47. Le professeur Réginald Savard a grandement influencé cette partie de notre modèle par la générosité de son enseignement à l'Université de Sherbrooke. De même, nous sommes aussi reconnaissantes pour les enseignements du professeur Conrad Lecomte de l'Université de Montréal.

48. Les différentes dimensions nommées ici sont tirées de la dynamique des ressources et des limites personnelles et environnementales de Lecomte et Savard (2004).

il se sent habité par la crainte d'échouer. Il a l'impression d'être sur le haut d'une montagne et qu'il pourrait autant descendre à toute allure d'un côté que débouler de l'autre : cela lui donne le vertige. Il imagine parfois qu'il vivra, au cours de sa démarche, une sorte de coup de foudre, lorsqu'il tombera sur la bonne profession. D'autres fois, il feuillette distraitement le dictionnaire des professions au Centre de documentation en se disant que ça ne donne rien, qu'il n'y aura rien pour lui. Cela peut l'amener à avoir mal au ventre et à parler beaucoup de ses peurs aux autres personnes et à sa conseillère.

Au cours de la phase de réalisation, l'individu explore des pistes qui lui permettront de réaliser son projet. L'exploration se fait également sur le plan du vécu déclenché par les pistes envisagées. La personne sera alors accompagnée dans son exploration autour des questions suivantes : « Qu'est-ce que je ressens face à ces différentes pistes possibles pour réaliser mon projet? Qu'est-ce que j'en pense? Comment je me sens? Comment mon corps réagit-il? Est-ce que je me sens soutenu par mon entourage? Est-ce que j'ai la perception que je vais y arriver? »

Conscience réflexive de soi : mode « compréhension »

Tout comme l'exploration, la compréhension est un mode présent dans les trois phases du bilan de compétences. Mais qu'est-ce qu'on comprend dans une démarche de bilan de compétences?

Dans la phase de rétrospective, nous amenons la personne à comprendre l'histoire développementale de ses intérêts (croissance versus adaptation), de ses valeurs (constructive, non constructive, potentialité ou manque)[49], de ses besoins et des autres ressources pertinentes (qualités, croyances, etc.). Cette compréhension se fait à l'aide d'un modèle explicatif (par exemple, la thérapie des schémas, l'analyse transactionnelle, la psychosynthèse, etc.)[50] qui permet de comprendre comment se sont construites nos compétences et les différentes ressources qui les composent. De même, nous amenons la personne à mieux comprendre l'origine de ses limites personnelles et environnementales. Autrement dit, la personne met en lumière ce

49. Nous nous inspirons ici de la dynamique du processus d'orientation, conceptualisé, par Savard pour son enseignement, mais inédite.

50. L'intervenant peut utiliser son modèle explicatif privilégié.

qui l'a amenée à développer tel intérêt, telle valeur ou telle croyance, etc. plutôt qu'un autre. Plus globalement, cela lui permet de comprendre ce qui fait qu'au cours de sa carrière, elle a développé cette compétence plutôt qu'une autre.

Le mode « compréhension » de la phase de rétrospective donne un sens aux expériences passées de la personne. Par exemple, Jean-Yves a compris, à partir de son histoire, ce qui l'a amené à construire une compétence aussi forte dans le domaine de la vente. Son désir de plaire à tous pour ne pas risquer d'être abandonné fait de lui un vendeur exceptionnellement aimé de sa clientèle et de ses collègues dans un contexte où la compétition et le rendement sont de mise. En même temps, il a compris que chercher à plaire pour ne pas être abandonné le mène régulièrement dans l'épuisement, et ce, tant dans sa vie professionnelle que personnelle. Il comprend surtout que ce n'est pas uniquement en changeant de profession que la situation va changer. Il réalise qu'il a mis en place depuis très longtemps, cette stratégie pour plaire. Il va sans dire que Jean-Yves a été habité par cette compréhension tout au long de sa démarche et qu'il l'a revisitée plusieurs fois dans l'élaboration de son projet et dans sa réalisation. À partir de cet exemple, il est possible de constater que nous amenons l'individu à comprendre ses interactions avec son environnement. Ainsi, il comprend son rôle et donc, son pouvoir dans ses interactions avec les autres. Autrement dit, la personne est amenée à comprendre les mécanismes d'autorégulation et d'autoprotection qu'elle a mis en place dans le passé, et leur impact sur sa vie personnelle et professionnelle.

Dans la phase de prospective, la personne est amenée à comprendre les tensions inhérentes à l'émergence et à la détermination d'un projet. Face au changement, Lecomte et Savard (2004) soulignent que l'individu vit une tension entre le maintien de la cohérence de soi et l'ouverture au changement. Julien, par exemple, comprend qu'il souhaite faire un nouveau départ dans un métier plus manuel pour lequel il a des intérêts et des aptitudes qui n'ont pas encore été développées. Cependant, il prend conscience qu'il a peur de l'échec, car cela confirmerait un sentiment d'incompétence. Ainsi, il trouve pénible l'exploration au Centre de documentation et il voudrait parfois rester commis-comptable pour éviter une situation potentielle d'échec. Lors d'une rencontre individuelle, il comprend qu'il vit principalement une tension entre son espoir d'un changement porteur de sens pour lui et les craintes suscitées par ce changement. Cette prise de conscience l'amène à choisir de poursuivre son exploration professionnelle sans nier les tensions que suscite pour lui cet éventuel changement. Cet exemple nous permet de voir à nouveau que l'ISEP n'est pas traitée de façon neutre par la personne et qu'il est souvent nécessaire d'amener la personne à comprendre les émotions, pensées, comportements, mécanismes d'autoprotection et d'autorégulation que suscite la mise en contact avec de nouvelles informations.

En phase de réalisation, la personne comprend particulièrement quelles ressources personnelles et environnementales soutiennent son projet, et les limites pouvant nuire à la réalisation de celui-ci. Par exemple, Marie-Pierre est amenée à comprendre que le fait de se présenter comme une personne toujours confiante en elle-même et qui n'a besoin de personne pour réussir lui a beaucoup servi dans la vie et lui sert encore. Toutefois, cette attitude la laisse sans soutien dans les situations où elle aurait vraiment besoin d'aide. Elle comprend que les gens continuent à la percevoir forte malgré ses difficultés. Cette compréhension plus approfondie de certaines difficultés rencontrées dans ses expériences antérieures de travail l'amène à vouloir exposer sa vulnérabilité aux personnes en qui elle a confiance et qui pourraient la soutenir pour réaliser son projet professionnel. Marie-Pierre comprend alors que son désir de demander ouvertement du soutien à son entourage lui fait courir le risque d'être vue comme incapable de gérer sa vie, ce qui représente une grande source de honte pour elle. En comprenant davantage cette tension, Marie-Pierre est plus réaliste par rapport aux actions à entreprendre pour réaliser son projet de retourner aux études. Son projet exige de demander du soutien à son entourage, et ce, pendant plusieurs années. Elle a aussi pris conscience que cet inconfort peut l'habiter tout au long de la réalisation de son projet.

Conscience réflexive de soi : mode « action »

Tout comme l'exploration et la compréhension, l'action est présente dans les trois phases du bilan de compétences. Mais qu'est-ce qu'on met en action dans une démarche de bilan de compétences? Il est important de saisir que les actions posées, afin d'être en cohérence avec sa compréhension de soi, sont variées. Par exemple, il peut s'agir d'une rencontre d'information avec des personnes ressources d'un établissement de formation ou de la mise en place d'une nouvelle manière d'être en relation avec soi-même et les autres. Ainsi, l'action concrétise le processus de conscience réflexive de la personne. Les actions réalisées sont des pas vers le changement et elles peuvent être présentes à toutes les phases du processus de bilan de compétences. La personne est alors amenée à identifier des actions qu'elle perçoit comme intégrables et réalisables. Par exemple, dans la phase de rétrospective, Simon a compris que son allure détachée lui avait nui dans ses emplois précédents. De plus, il n'entretenait pas de liens cordiaux avec ses collègues et ses patrons, et ceux-ci lui en tenaient rigueur. Après avoir compris que cette attitude est une façon de se protéger du jugement négatif des autres par rapport à la qualité de son travail, il a mis en place des actions dans le groupe pour se rapprocher des autres tout en étant conscient qu'il prenait le risque d'être critiqué. Le premier pas fut de sourire aux autres et, petit à petit, de s'intéresser à leur vécu. Il a ainsi mis en place une nouvelle modalité de régulation qui lui permet notamment de mieux répondre à son besoin d'appartenance.

Par ailleurs, dans la phase de rétrospective, la personne est également amenée à identifier des actions qui lui permettent, en s'appuyant sur sa compréhension de ses transitions passées, de mobiliser ses ressources pour mieux vivre la transition actuelle. Enfin, c'est lors de cette phase que l'individu rédige son portfolio de compétences.

En phase de prospective, les actions à poser pour favoriser l'émergence d'un projet professionnel sont multiples. Martin peut par exemple choisir d'aller rencontrer une personne ayant fait un retour aux études à 35 ans pour comprendre les difficultés et défis liés à cette démarche. Il peut ainsi prévoir les actions à entreprendre pour favoriser la réussite de son projet et voir si ce dernier est réaliste. Dans cette phase, la personne peut également mettre en action une nouvelle modalité de régulation qui lui permet, par exemple, de prendre du pouvoir sur ses peurs. Elle pourrait choisir de commencer par se présenter à de brèves sessions d'exploration de I'ISEP. Ainsi, au lieu d'être envahie par l'information, de se décourager et d'être confrontée à sa peur de ne rien trouver, elle respecte sa capacité d'intégration de nouvelles informations sans éviter ce genre de situation. Autrement dit, elle est amenée à faire des petits pas qui la rapprochent de sa nouvelle manière de se réguler face à la nouveauté.

En phase de réalisation, la personne rédige un plan d'action qui prévoit les étapes menant à la réalisation de son projet sur les plans professionnel, personnel et de la recherche d'emploi. Par exemple, Johanne établit des contacts avec des employeurs potentiels et des personnes ou des organisations susceptibles de l'aider dans la réalisation de son projet. En agissant ainsi, elle prend du pouvoir sur la peur du rejet qui l'amenait auparavant à attendre que les employeurs l'appellent plutôt que d'être proactive dans la recherche d'emploi. Elle réalise ainsi les premiers pas vers son projet d'occuper un poste de conseillère en ressources humaines. Enfin, dans cette phase, la personne peut également choisir les ressources qu'elle mobilise lorsqu'elle se trouve confrontée à un obstacle dans la réalisation de son plan d'action.

À la page suivante on peut voir un tableau synthèse de notre modèle de bilan de compétences. Il présente une synthèse des interventions pour aider la personne dans son processus de conscience réflexive de soi dans chacune des phases du processus de bilan de compétences. Nous avons mis des énoncés qui concernent la personne, par exemple, « Explorer l'histoire développementale de ses intérêts » ou « Comprendre ses mécanismes d'autorégulation [...] ».

Processus du bilan de compétences : phases et modes

	Mode « exploration »	Mode « compréhension »	Mode « action »
Phase de rétrospective	• Explorer l'histoire développementale de ses intérêts, valeurs, besoins et autres ressources pertinentes (qualités, croyances, etc.) • Explorer les mécanismes d'autorégulation et d'autoprotection développés dans son histoire • Identifier les compétences développées à travers... • Explorer les dimensions affectives, cognitives, somatiques, contextuelles, comportementales et relationnelles • Explorer ces mêmes dimensions en lien avec la transition actuelle et les transitions passées • Amorcer l'exploration de l'information scolaire et professionnelle (ISEP)	• Comprendre l'histoire développementale de ses intérêts (croissance vs adaptation), valeurs (constructive, non constructive, potentialité ou manque) et autres ressources pertinentes (qualités, croyances, etc.) • Comprendre comment se sont développés ses mécanismes d'autorégulation et d'autoprotection et comment ils se manifestent dans la situation actuelle • Comprendre ce qui a amène à développer ces compétences à travers son histoire • Comprendre ses mécanismes d'autoprotection réactivés dans la transition actuelle Faire des liens avec les transitions passées et dégager des constantes, s'il y a lieu. • Comprendre les forces mobilisées pour vivre ces transitions et les limites qui ont nui à son adaptation	• Commencer à expérimenter de nouvelles modalités de régulation en lien avec sa compréhension de ses ressources et de ses limites personnelles et environnementales • Prévoir et mettre en place des actions qui permettent d'utiliser ses ressources pour vivre la transition actuelle • Prévoir et mettre en place des actions qui permettent de répondre à ses besoins • Rédiger un portfolio de ses compétences
Phase de prospective	• Explorer l'information scolaire et professionnelle en lien avec ses compétences, ses besoins actuels, ses espoirs, ses rêves, etc. • Explorer ses dimensions affectives, cognitives, somatiques, contextuelles, comportementales et relationnelles touchées par l'ISEP • Explorer l'espoir, les peurs et les tensions suscités par ces nouvelles informations	• Comprendre les peurs, les espoirs et les tensions suscités par l'exploration de l'ISEP en faisant des liens avec l'histoire développementale de ses différentes ressources • Comprendre les mécanismes d'autorégulation et d'autoprotection suscités par l'exploration de l'ISEP • Comprendre les émotions, les pensées, les comportements, etc., qu'amène l'identification d'un projet	• Effectuer des démarches (rencontre d'information, demandes de renseignements) permettant de clarifier son projet professionnel • Poursuivre la mise en place de ses nouvelles modalités d'autorégulation et se projeter dans l'avenir avec celles-ci

	Mode « exploration »	Mode « compréhension »	Mode « action »
Phase de prospective (suite)			• Prévoir et mettre en place des actions pour prendre du pouvoir sur les peurs qui bloquent l'accès à son projet • Identifier un projet professionnel tolérable, et intégrable, en fonction de ses ressources et de ses limites personnelles et environnementales
Phase de réalisation	• Explorer les dimensions affectives, cognitives, somatiques, contextuelles, comportementales et relationnelles sollicitées par la réalisation de son projet et les modifications du trajet initial qui peuvent subvenir • Explorer l'espoir, les peurs et les tensions suscitées par la rédaction de son plan d'action et des étapes de réalisation de son projet • Explorer les différentes étapes susceptibles d'amener la réalisation de son projet. • Identifier les ressources et limites personnelles et environnementales pouvant faciliter la réalisation de son projet ou lui nuire	• Comprendre l'espoir, les peurs et les tensions suscitées par la rédaction de son plan d'action et des étapes de réalisation de son projet • Comprendre les mécanismes d'autoprotection qui se manifestent lors de la réalisation de son projet • Comprendre l'impact de ses ressources ou limites personnelles et environnementales sur la réalisation de son projet • Comprendre l'impact de la transition actuelle ou des transitions passées sur la réalisation de son projet	• Rédiger un plan d'action qui prévoit les étapes menant à la réalisation de son projet sur les plans professionnel, personnel et de la recherche d'emploi • Mobiliser les ressources pour surmonter les obstacles qui peuvent survenir dans la réalisation du projet • Réaliser les actions prévues dans le plan d'action tout en demeurant ouvert aux nouvelles possibilités • Adapter ses actions et son plan aux contraintes ou aux opportunités qui émergent

Particularités de notre modèle de bilan de compétences

Comme nous l'avons souligné précédemment, nous avons constaté qu'aucun modèle ne reflète pleinement notre pratique du bilan de compétences. Tel que mentionné lors de de la description de notre modèle, ce dernier s'inspire de plusieurs conceptions en orientation[51] et de différentes approches théoriques. Sur le plan de la modélisation, il s'inspire plus particulièrement des modèles de Lecomte et Savard (2004) et de Limoges (2004, 1993). Dès lors, il devient important de mettre en évidence ce qui distingue notre modèle des autres et de souligner ses particularités.

L'une des particularités de notre modèle de bilan de compétences est de distinguer le processus de conscience réflexive de soi de chacune des phases du bilan de compétences. Il nous apparaît important de conceptualiser le bilan de compétences tant dans son processus continuel de conscience réflexive de soi que dans ses phases systématiques. Pour Lecomte et Savard (2004), l'exploration, la compréhension et l'action englobent à la fois le processus de conscience de soi et les phases systématiques de la démarche, ce qui peut occasionner une certaine confusion. De plus, cette modélisation ne permet pas de bien saisir les phases systématiques particulières au bilan de compétences. Dans le modèle de Limoges (2004, 1993), il manque aux phases de retrospective, de prospective et d'action un processus explicite de conscience de soi sous-jacent. Ce flou entourant le processus de conscience réflexive de soi ne permet pas d'être précis quant à l'accompagnement à offrir dans chacune de ces phases pour soutenir le processus de développement de la personne. Notre modèle de bilan de compétences est très précis sur l'accompagnement à offrir dans les phases de rétrospective, de prospective et de réalisation pour supporter le processus de conscience réflexive de soi et, par conséquent, le développement de la personne tout au long de la démarche.

Tel que mentionné précédemment, au cours des dernières années, le concept de compétence a connu une importante avancée sur le plan conceptuel. Cela a fortement influencé l'évolution des pratiques tant dans le monde scolaire que sur le marché du travail. Une autre particularité de notre modèle est que la phase de rétrospective prévoit une identification des compétences et des ressources qui les

---

51. Pour un approfondissement des conceptions en orientation, voir plus particulièrement le rapport de Riverin-Simard et Simard (2004) et l'article de Mellouki et Beauchemin (1994).

composent, incluant les connaissances. Cette identification des compétences se base sur un concept de compétence[52] issu de l'expérience pratique et de différentes publications et études. Le processus d'identification des compétences de notre modèle dépasse l'identification morcelée des intérêts, valeurs et aptitudes, comme c'est le cas dans la plupart des processus d'orientation, d'insertion, d'adaptation et de bilan de carrière.

Nous avons souligné plus tôt que la phase de prospective de notre modèle inclut une place explicite donnée à l'exploration et à la compréhension de l'information scolaire et professionnelle (ISEP), ce qui constitue une particularité supplémentaire de notre modèle. Éclairées par des recherches récentes sur la complexité pour l'individu de la mise en relation de l'ISEP avec ses ressources personnelles et environnementales, nous prévoyons un accompagnement personnalisé pour faire face aux tensions entre l'ISEP et le traitement de l'information par la personne. Ceci démontre l'importance d'inclure une phase d'accompagnement de la personne dans l'exploration de l'ISEP, mais aussi dans la compréhension de la manière dont ces informations sont perçues, conçues, vécues et traduites ou non en projet de formation, d'insertion ou de maintien.

La particularité de la phase de réalisation est que nous la distinguons clairement des actions qui se déroulent à toutes les phases du bilan de compétences. Cette modélisation laisse toute son importance au concept d'action tout en indiquant clairement que la directionnalité de cette phase se centre vers la réalisation flexible du projet.

---

52. Voir le concept de compétence p. 71.

CHAPITRE 4

Les concepts-clés

Pour bien mettre en œuvre le processus de conscience réflexive de soi et les phases du bilan de compétences que nous venons de présenter, nous considérons important d'exposer quelques concepts-clés.

Le concept de compétence

Depuis le début du programme *Bilan de compétences* du COREE, en 1994, le concept de compétence a beaucoup évolué. Cette évolution rapide durant les années 1990 et 2000 s'explique, entre autres, en France, par la loi sur le bilan de compétences et, au Québec, par l'implantation d'une approche par compétence dans le système scolaire. Ces décisions politiques ont suscité une certaine effervescence autour du concept de compétence tant dans le domaine de la recherche que chez les différents professionnels particulièrement concernés par le concept de compétence dans leur travail[53].

À la lumière de certaines réflexions et études concernant le concept de compétence, nous concevons la compétence comme un savoir-agir complexe[54], fondé sur

53. Conseillers d'orientation, enseignants, personnel dans le domaine des ressources humaines, des relations industrielles, etc.

54. Complexe dans le sens de « composé de divers éléments hétérogènes » (Rey, 1993). Complexe ne veut pas dire « compliqué » comme on peut parfois le concevoir.

la mobilisation et sur l'utilisation efficace d'un ensemble de ressources par un individu dans différents contextes (Le Boterf, 2004, 2000; MEQ 2003 et Tardif, 2004-2006).

Le savoir-agir

Le savoir-agir[55] est la capacité de recourir de manière appropriée à une diversité de ressources personnelles et environnementales afin d'accomplir une tâche de manière efficace. Le savoir-agir doit être combiné à un « pouvoir agir » dans son contexte (Est-ce que l'organisation du travail dans lequel je me situe me donne le pouvoir d'agir dans mon environnement?) et un « vouloir agir » qui concerne la motivation de l'individu (Le Boterf, 2004). Pour développer un savoir-agir complexe, l'individu doit avoir été confronté à plusieurs tâches dans plusieurs contextes. Dans ce sens, une compétence est de l'ordre d'une action, et cette action est très complexe (Tardif, 2004). Ainsi, bien que le nombre d'années d'expérience dans un emploi indique le potentiel du développement d'un savoir-agir complexe, cette reconnaissance ne doit pas être automatique. Dans la logique où la compétence est unique à chaque individu, on doit prendre le temps d'aider la personne à identifier les ressources qu'elle a effectivement mobilisées et combinées pour réaliser ses tâches dans différents contextes, et l'on doit aussi s'intéresser aux résultats obtenus. Par cette procédure d'accompagnement, nous avons une chance de nous approcher de la complexité du savoir-agir unique développé par la personne et de l'aider à l'identifier, tout en sachant que toute description d'une compétence reste incomplète par rapport à la réalité de l'action.

Les ressources personnelles désignent souvent la personnalité, les fonctions intellectuelles, cognitives et affectives qui englobent l'identité professionnelle et personnelle (OPCCOPPQ, 2000). Dans le cadre d'une démarche de bilan de compétences, nous considérons que les ressources personnelles de la compétence englobent les intérêts, valeurs/besoins, qualités/traits de personnalité, de même que les connaissances.

Dans la compétence, nous concevons que l'individu mobilise aussi ses ressources environnementales, qui incluent autant des ressources physiques telles que les équipements, les machines et les installations que des ressources humaines comme

---

55. Pour une distinction entre savoir-agir et savoir-faire, consulter Tardif (2006), p. 23 à 26.

les collègues, superviseurs, etc. Comme le souligne Le Boterf (2002, p. 68), l'individu est de moins en moins compétent tout seul, car « La capacité à agir avec compétence dépend en partie de la richesse de son environnement et de ses possibilités ». Ainsi, l'environnement social et physique d'un individu a une grande influence sur le développement de ses compétences et sur sa capacité à agir avec compétence. Par exemple, Jonathan vient de terminer son cours de machiniste avec des outils à commande numérique. Il se fait embaucher dans une usine qui ne possède pas ce type de machinerie et qui fonctionne encore sur des « tours ». Jonathan peut devenir dépassé en contrôle numérique, car il ne mobilise pas une partie de ses ressources en lien avec cette compétence.

La mobilisation

Puisque l'individu peut mobiliser et combiner des ressources variées de manières différentes, on peut dire que la compétence d'un individu est unique et qu'elle n'existe pas sans lui (Le Boterf, 2004). Autrement dit, même si deux personnes possèdent une compétence en service à la clientèle, elles ne mobilisent pas nécessairement leurs ressources de la même manière, dans le même contexte. Par exemple, Sophie et Hélène travaillent toutes les deux au service à la clientèle dans un magasin à grande surface. Elles sont appréciées de leur patron et de la clientèle. Pourtant, lorsque nous les observons, elles mobilisent des ressources différentes selon les situations. Sophie s'adapte à toutes sortes de clientèles. Toutefois, lorsqu'elle est avec des jeunes, elle performe davantage au niveau des ventes. Elle adore les jeunes et elle est authentique avec eux, ce qui les met facilement en confiance. En général, les jeunes apprécient l'approche de Sophie, car elle est drôle et au courant de la mode. Pour sa part, Hélène aussi est compétente avec l'ensemble de la clientèle, incluant les jeunes. Toutefois, ses ventes sont nettement plus élevées dans les produits de beauté, qui la ramènent à sa formation initiale en esthétique. Elle entretient une passion pour tout ce qui concerne les soins de la peau et elle répond avec assurance et patience à tous les clients qui lui posent des questions sur les nombreux produits offerts en magasin. Comme on peut le constater dans ces deux exemples, les ressources mobilisées dans un contexte donné relèvent à la fois des intérêts (les jeunes pour Sophie, les produits de beauté pour Hélène), des valeurs (l'authenticité pour Sophie, la beauté pour Hélène), des connaissances (en esthétique pour Hélène, la mode des jeunes pour Sophie) et des qualités (le sens de l'humour de Sophie, la patience d'Hélène).

Avec l'exemple d'Hélène et de Sophie, on peut aussi mettre en évidence qu'une même personne, dans le même contexte, ne mobilise pas toujours ses ressources de la même manière. Ainsi, Hélène est beaucoup moins performante dans la vente de produits de beauté devant des personnes agressives. Elle mobilise moins ses ressources dans une telle situation, car elle est fortement affectée dans sa valeur de respect et dans son besoin de considération. De son côté, Sophie rencontre plus de difficulté à finaliser ses ventes auprès des clientes plus âgées qui n'en finissent plus de poser des questions. Dans ce contexte, elle a l'impression d'avoir sa mère devant elle et elle se sent impatiente. Les exemples de Sophie et d'Hélène permettent de mieux comprendre qu'il n'y a pas qu'une seule façon d'être compétent dans le service à la clientèle, que cela dépend de la manière dont la personne mobilise les ressources qu'elle a construites à travers son histoire développementale.

Il est important de s'attarder au concept de mobilisation des ressources, car il faut bien comprendre que la compétence n'est pas la somme des ressources personnelles et environnementales sur lesquelles elle repose. Autrement dit, il ne suffit pas de posséder des ressources pour être compétent, il faut aussi savoir les mobiliser au bon moment. Il est possible de comprendre l'importance de la mobilisation des ressources lorsqu'on pense à une personne qui a, par exemple, étudié en administration, mais qui ne réussit pas en affaires. Elle a cumulé plusieurs connaissances en comptabilité, en gestion, en droit, mais elle n'arrive pas à combiner avec succès ses ressources au bon moment, dans les bons contextes. Des personnes qui réussissent très bien en affaires depuis de nombreuses années sont souvent étonnées de constater que les jeunes diplômés en administration, malgré toutes leurs connaissances, n'ont pas le « sens des affaires ». Ce qu'elles nous disent à leur manière, c'est que la somme des savoirs et des autres ressources acquises dans une formation ou ailleurs ne fait pas nécessairement la compétence. C'est la mobilisation de ses ressources dans des contextes donnés qui fait la compétence d'une personne. Ainsi, le concept de mobilisation tient une place essentielle dans la compétence et il renforce l'idée que la compétence d'un individu fluctue selon le contexte qui peut ou non lui permettre de mobiliser ses ressources de manière optimale. La compétence est donc dynamique, comme il est illustré à la figure 3.

Figure 3 : La compétence

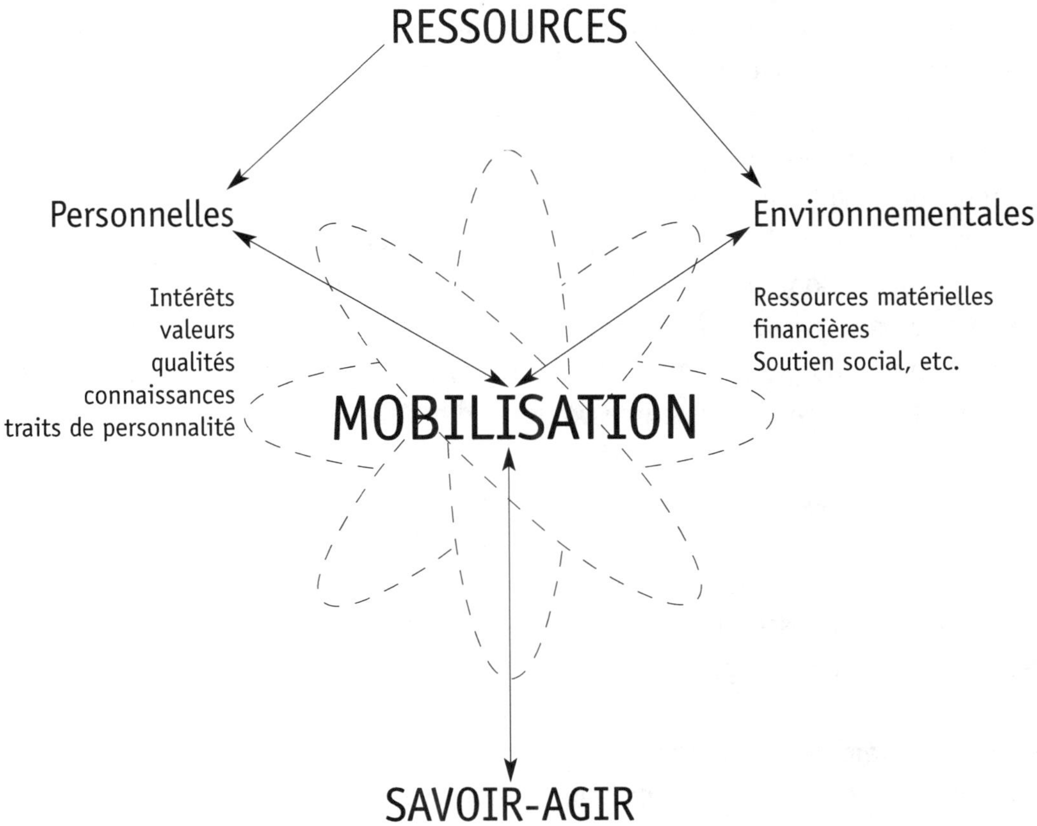

Les contextes d'acquisition

Dans notre conception de la compétence, le développement de celle-ci est fortement influencé par ses contextes d'acquisition[56]. Autrement dit, la culture dans laquelle la personne développe sa compétence, notamment les valeurs dominantes, les relations sociales qu'elle entretient, le matériel et les outils disponibles, etc., va inévitablement influencer le développement de sa compétence. Par exemple, Linda et Liette ont fait ensemble leurs d'études professionnelles en secrétariat. À la fin de leurs études, Linda est embauchée dans un organisme communautaire, tandis que Liette trouve un travail dans une grande entreprise de production

56. Pour approfondir l'influence du contexte d'acquisition dans les apprentissages, voir Lave, J. et Wenger, E. (1991). *Situated Learning. Legitimate Peripheral Participation.* Cambridge, MA : Cambridge University Press.

mécanique. Cinq ans plus tard, elles décident de faire le bilan de leurs compétences. Elles constatent alors que, si elles partagent des connaissances de base communes acquises lors de leur formation initiale, leurs compétences se sont développées différemment à cause de leur contexte de travail. Ainsi, Linda, accueille une clientèle ayant des problèmes de santé mentale, et a davantage développé ses ressources d'accueil, d'empathie, de discrétion et de courtoisie. Ces ressources étaient fortement valorisées dans ce milieu. Elle effectue un secrétariat de base qui nécessite la maîtrise du logiciel informatique Word. Le système téléphonique et les messages sont encore écrits à la main et remis directement aux quatre intervenants et à la directrice de l'organisme. Dans le cadre de son travail, elle a développé une bonne connaissance du réseau de la santé et des services sociaux. De son côté, Liette n'a pas eu de contacts directs avec la clientèle sauf au téléphone. Dans le cadre de son travail, elle a utilisé plusieurs logiciels différents et elle avait à produire, dans des délais serrés, des documents importants pour l'employeur. La qualité de la communication écrite était très valorisée par la direction de l'entreprise, ce qui l'a amenée à développer des ressources en lien avec ces exigences. Elle a aussi dû développer sa connaissance de l'anglais oral afin de bien répondre aux clients anglophones.

Ces deux exemples permettent de mieux comprendre comment les contextes influencent le développement de compétences. Les besoins et les valeurs véhiculés par l'organisation amènent la personne à développer des ressources pour y répondre (anglais oral, communication écrite, plusieurs logiciels pour Liette, alors que pour Linda, ce fut plutôt la communication interpersonnelle et la connaissance du réseau de la santé). Voilà pourquoi nous considérons primordial de décrire les contextes dans lesquels les compétences se sont développées lors de la description des compétences dans une démarche de bilan de compétences.

Description des compétences

Cette définition de la compétence nous a guidées dans le développement d'une pratique d'identification des compétences dans laquelle nous amenons la personne à décrire les tâches effectuées dans différentes situations[57]. À partir des tâches

57. Dans différentes situations ou, comme le souligne Tardif, dans les familles de situations qui délimitent « les contextes dans lesquels une compétence donnée est transférable ». (Tardif, 1996, p. 4)

décrites par la personne, dans des mots significatifs pour elle, on amène celle-ci à expliciter les ressources mobilisées pour effectuer ces tâches. Elle décrit ainsi ses intérêts, ses valeurs, ses qualités, ses connaissances et les ressources de l'environnement (physique et social) qui sont mobilisées pour chacune de ses compétences. Cette manière d'identifier les compétences permet aussi de dégager des éléments essentiels au processus d'orientation.

Compétences et aptitudes

Étant donné l'importance du concept d'aptitude dans le domaine de l'orientation, il apparaît nécessaire de mettre en évidence la différence que nous faisons entre une compétence et une aptitude. Une aptitude est une disposition naturelle à quelque chose, par exemple : aptitude pour le chant, pour les mathématiques, etc.[58] selon *Le Grand dictionnaire terminologique* de l'Office de la langue française. Cette aptitude peut être ou non développée dans une compétence. Autrement dit, une personne pourrait ne pas mobiliser cette aptitude dans un savoir-agir complexe. Prenons par exemple, le chant. François pourrait chanter à l'occasion avec des amis sans nécessairement avoir développé d'autres ressources (connaissances, valeurs, intérêts ou qualités) lui permettant de dire qu'il possède une compétence en chant. François n'a pas de connaissances en musique. Cela ne faisait pas partie non plus de ses valeurs d'investir dans des heures de pratique et, rien qu'à s'imaginer devant le public, il fige. De plus, dans sa famille, les études dans le domaine de la musique n'étaient pas envisageables, car « elles ne mènent nulle part et ne permettent pas de gagner sa vie ». Du côté de l'environnement, il n'avait donc pas le soutien favorable au développement d'une compétence en musique.

À l'inverse, Annie, qui possédait aussi une aptitude en chant, a décidé de développer cette aptitude et de se perfectionner en musique. Elle a acquis des connaissances lors sa formation collégiale et, par la suite, universitaire, en musique. Elle a mis plusieurs heures, voire des années à pratiquer le chant, en plus de s'impliquer dans différentes chorales. Elle a des intérêts pour le chant et pour la création, et possède des valeurs d'expression de soi, de liberté, de créativité et de réalisation qu'elle mobilise dans sa compétence en musique. Elle se sent très à l'aise sur scène et trouve facile de communiquer ses émotions avec le public. Elle est

58. www.granddictionnaire.com/btml/fra/r_motclef/index1024_1.asp

dynamique et chaleureuse, et rejoint le public avec ces qualités. Elle chante professionnellement et arrive à mobiliser ses ressources dans un savoir-agir complexe : on peut donc déduire qu'elle possède une compétence en musique. Ces exemples nous permettent de comprendre que les aptitudes sont une des sources fondamentales du développement de la compétence. Cela explique pourquoi, une fois que l'aptitude développée s'inscrit plus globalement dans une compétence, nous n'y faisons plus référence en tant qu'aptitude, mais plutôt en terme de compétence.

Dans le cadre du bilan de compétences, l'accent est davantage mis sur l'identification des compétences développées à travers l'histoire personnelle et professionnelle de l'individu. Néanmoins, comme certaines personnes ne souhaitent plus actualiser les compétences acquises dans un nouveau projet, nous les amenons dans le portrait professionnel 🗋 à identifier les aptitudes qu'elles possèdent et qu'elles souhaiteraient transformer en compétences dans leur nouveau projet.

En somme, les compétences sont au cœur de la démarche de bilan de compétences. Dans les sections suivantes, nous abordons des concepts mieux connus que celui de la compétence dans le domaine de l'orientation, mais qui méritent d'être bien situés dans le cadre particulier d'une démarche de bilan de compétences.

Bilan de compétences et intérêts

La notion d'intérêt occupe une place importante dans toutes les phases de la démarche (rétrospective/prospective/réalisation). Dans la partie rétrospective, l'individu est amené à dresser l'histoire développementale de ses intérêts et non-intérêts. Grâce à cet exercice, il peut faire des constats sur l'évolution de ses intérêts à travers son histoire. Il détermine également les intérêts qu'il mobilise dans ses compétences. Dans la phase de prospective, l'individu identifie les intérêts qu'il ne souhaite plus mobiliser, ceux qu'il souhaite continuer à mobiliser ou ceux qu'il souhaite développer. Comme le précisent Gaudron et Araud (2005), une meilleure connaissance de ses intérêts aide la personne à développer une image de soi plus précise au cours de son bilan de compétences, ce qui améliore sa capacité de se projeter professionnellement. Enfin, dans la phase de réalisation, l'individu prévoit des actions à poser pour mobiliser ses intérêts soit dans son projet professionnel ou dans sa vie personnelle.

Le cas de Renée nous permet de mieux comprendre l'importance des intérêts dans chacune des phases de notre modèle. Renée était commis comptable pour une PME qui a fermé ses portes. Elle s'ennuyait à faire du travail de bureau, car elle ne se sentait pas assez active. En faisant l'histoire développementale de ses intérêts, elle comprend le sentiment de lassitude qu'elle vivait au travail. Lorsqu'elle était jeune, elle adorait le travail manuel, la mécanique, la réparation d'objets en bois et le travail de précision. Cependant, elle n'a pas orienté sa carrière vers des métiers qui utilisaient ces intérêts-là, car, dans sa famille, une femme ne devait pas faire ce type de métier. Elle a réussi à s'adapter au travail de bureau sans y trouver de réel plaisir, à l'exception du contact avec les gens, mais elle a continué à actualiser ses intérêts pour le travail manuel dans sa vie personnelle. Pendant son bilan de compétences, elle continue à faire des actions qui nourrissent ses intérêts. Lorsqu'elle voulait décrocher de sa réflexion, elle décapait un meuble en bois. Lors de la phase de prospective, elle choisit de ne plus faire de travail de bureau, de maintenir son intérêt pour l'informatique et d'ajouter dans son projet ses intérêts pour le travail manuel et la mécanique. Elle reçoit un accompagnement personnalisé dans la compréhension des peurs que suscite ce choix. Elle a peur d'être jugée par sa famille. Elle explore néanmoins les secteurs de la fabrication mécanique et de l'électrotechnique. Elle choisit de s'inscrire à un DEP en électromécanique ou, en second choix, à un DEP en mécanique de véhicules légers. Dans la phase réalisation, elle établit un plan d'action pour actualiser ses intérêts et être amenée à prendre du pouvoir sur les peurs qui la tenaillent.

Les intérêts prennent donc une place essentielle dans le cadre d'une démarche de bilan de compétences. S'il est important d'identifier les intérêts pour ancrer un projet professionnel, il est tout aussi important de les décrire comme des ressources faisant partie des compétences. En effet, si l'importance des intérêts dans un choix professionnel est reconnue formellement depuis l'émergence de l'orientation, au début du 20e siècle (Botteman, 2005), ce n'est que récemment que l'on a reconnu leur importance dans la notion de compétences. Dans les cas de Sophie et d'Hélène présentés dans la partie sur la compétence, nous avons vu combien l'intérêt d'Hélène, pour les produits de beauté et l'intérêt de Sophie pour les jeunes sont importants dans leur compétence dans le service à la clientèle. Les deux ont un meilleur rendement lorsqu'elles sont dans des situations où leur intérêt est en quelque sorte mobilisé : elles sont donc plus efficaces.

Par ailleurs, les intérêts professionnels sont influencés par le sentiment de compétence de chacun (Tétreau, 2005). Plus une personne a une perception élevée de son efficacité, plus elle se sentira capable de mobiliser ses intérêts dans un projet (Bandura, 2003; François, 1998). Si cette perception est faible, l'individu pourrait mettre de côté ses intérêts, par peur de ne pas être capable de réaliser son projet. Nous rencontrons souvent ce genre de problématique dans notre pratique de bilan de compétences. L'histoire de Réal représente bien ce lien entre les deux concepts. Depuis l'âge de huit ans, Réal démontre un grand intérêt pour le droit. Il a souvent rêvé d'être avocat, mais il s'est toujours empêché de le faire pour plusieurs raisons. Il ne se croyait ni à la hauteur ni capable de réussir les études requises pour cette profession. De plus, ses parents ne l'ont pas encouragé à persévérer dans ses études postsecondaires. Sa perception de sa capacité à faire des études en droit était faible. Lors du bilan de ses compétences, sa confiance en sa capacité à faire ce type d'études a augmenté et il s'est inscrit à la formation en techniques juridiques, qui répondait mieux à sa réalité financière. Cet exemple démontre l'importance de l'accompagnement en counseling lors du bilan de compétences pour aider la personne à explorer et à comprendre ses intérêts (droit), ses valeurs (justice) et ses limites personnelles (manque de confiance) et environnementales (manque de soutien parental), afin d'agir de manière cohérente avec sa compréhension de ses ressources (s'inscrire en techniques juridiques).

Ainsi, dans le cadre de notre démarche de bilan de compétences, les intérêts sont fondamentaux. Une connaissance approfondie de ceux-ci aide la personne à développer une image de soi plus précise et améliore sa capacité de se donner un projet professionnel. De plus, les intérêts sont importants à identifier comme ressource faisant partie d'une compétence.

Bilan de compétences et valeurs

Les valeurs constituent également un concept fondamental dans le cadre d'un bilan de compétences, car elles guident les actions, les pensées, les choix des personnes, de même que le développement de leurs compétences. Dans ce sens, les valeurs sont considérées dans toutes les phases de notre modèle de bilan de compétences.

Dans la phase de rétrospective, la personne est amenée à dresser l'histoire développementale de ses valeurs et à voir quels impacts ces dernières ont eu dans ses choix et, plus globalement, dans sa vie professionnelle et personnelle. Elle détermine également les valeurs qu'elle mobilise dans ses compétences. Dans la phase de prospective, la personne identifie les valeurs qu'elle souhaite mobiliser dans son projet. Elle peut aussi choisir d'accorder moins d'importance aux valeurs qui ont été non constructives pour elle dans le passé. Dans la phase de réalisation, la personne détermine les actions à poser pour mobiliser ses valeurs dans ses projets.

Lorsque la personne met en action sa compétence, nous concevons que ses valeurs se trouvent « mobilisées ». Par exemple, deux personnes qui possèdent des compétences en vente peuvent les utiliser différemment, si l'une est principalement guidée par une valeur de satisfaction de la clientèle et l'autre, plutôt guidée par des valeurs de performance et de compétition. Il est donc essentiel de se questionner sur les valeurs en tant que ressources qui sous-tendent les compétences de la personne. Les valeurs expliquent en grande partie le développement passé d'une compétence et laissent entrevoir son développement futur.

Le bilan de compétences constitue pour plusieurs personnes, une étape importante de questionnement par rapport à leur vie ou à leur identité : cela peut avoir un impact sur leurs valeurs ou sur la hiérarchie de celles-ci. Bien que la structure des valeurs soit généralement stable dans le temps, l'importance de certaines valeurs peut fluctuer selon les évènements qui surviennent dans la vie des personnes (Ruiz-Quintanilla et England, 1996). Cette vision paraît très importante lorsque l'on considère la transition professionnelle vécue par les personnes qui s'engagent dans une démarche de bilan de compétences. Ces personnes sont très souvent déstabilisées par rapport à leurs dernières expériences sur le marché du travail. Du point de vue développemental, plusieurs clients se situent au mitan de la vie, ce qui peut correspondre à une remise en question importante de leurs valeurs (Millet-Bartoli, 2000).

De même, une valeur peut demeurer importante tout en étant mobilisée différemment selon les périodes de la vie adulte. C'est exactement ce qui s'est produit pour Claude, dans sa démarche. Claude a toujours été un homme qui valorise la liberté. À 20 ans, il voyage, occupe plusieurs emplois et, cinq ans plus tard, il choisit de démarrer sa propre entreprise de construction. Il veut être son propre patron et être libre de ses choix. Lorsqu'il fait sa démarche de bilan de compétences, à 42 ans, il réalise que la façon dont il mobilisait sa valeur de liberté, à 25 ans, ne correspond plus à ce qu'il souhaite aujourd'hui. La liberté est toujours importante pour lui, mais il sent que son entreprise lui permet de moins en moins de l'atteindre. Entre les contrats et les soumissions, Claude se sent débordé, et l'inconfort par rapport à son emploi est de plus en plus présent. Aussi, après réflexion, son nouveau projet est d'être acheteur dans une compagnie de construction. Il pourra ainsi prendre des décisions et actualiser de façon différente sa valeur de liberté. Alors que, plus jeune, Claude souhaitait être entièrement libre de l'autorité, aujourd'hui, il aspire plutôt à être libre de son temps.

Dans la pratique, nous constatons également que ce sont souvent les valeurs prédominantes qui amènent l'individu à être en tension avec ce qu'il vit sur le marché du travail. Prenons l'exemple de Julie, adjointe administrative, qui exige que son travail soit toujours très bien fait (valeur), ce qui lui assure d'être reconnue (besoin). Elle évolue dans un milieu où les délais de production sont courts. Sa patronne lui demande de saisir des données pour produire des rapports journaliers. Julie voudrait que ses rapports rencontrent ses critères de travail bien fait, mais sa patronne lui demande de les produire dans des délais qui rendent impossible de rencontrer ces critères, qui sont sa seule garantie, selon la croyance de Julie, d'être reconnue. Pourtant, sa patronne accepte que les rapports remis ne soient pas impeccables. Pour Julie, sa valeur de travail bien fait, lié à son besoin de reconnaissance n'est pas actualisée dans son travail et cela l'amène à sentir de l'écœurement. Elle arrive au service de bilan de compétences à la suite d'un diagnostic d'épuisement professionnel. Cet exemple nous éclaire sur le rôle prépondérant que les valeurs jouent dans la vie professionnelle des personnes. Ainsi, les valeurs constituent un des fondements de l'identité d'un individu et elles sont déterminantes dans son interaction avec son environnement. Comme c'était le cas de Julie, plusieurs clients qui participent au programme du bilan de compétences sentent des tensions pour mobiliser leurs valeurs prédominantes dans leur environnement. Ils doivent approfondir la compréhension de leurs tensions, notamment en lien avec leurs besoins et leurs croyances.

L'interaction des valeurs et des autres ressources de la personne joue un rôle déterminant dans le développement de ses compétences. Par exemple, Éric avait beaucoup d'aptitudes et d'intérêt pour le théâtre durant son adolescence. Ces ressources cohabitaient avec une valeur de sécurité importante, alors dominante dans sa famille. Il a choisi de ne pas développer de compétences en théâtre, mais plutôt en gestion. Il pouvait ainsi mobiliser davantage sa valeur de sécurité. Cet exemple nous permet de mettre en évidence la manière dont les valeurs contribuent ou non à la transformation d'une aptitude en compétence.

De même, certaines valeurs peuvent être à la fois constructives et non constructives pour l'individu. Le cas de Patrice nous éclaire à ce sujet. Pour lui, l'altruisme est une valeur centrale : il trouve important d'aider les autres et de mettre en action tout ce qui est en son pouvoir pour que les autres soient heureux. Cette valeur l'amène à sentir de la valorisation et se révèle en ce sens très constructive. Cependant, elle le pousse également à mettre ses idées de côté au profit de celles des autres et, par conséquent, à s'oublier. Cela représente l'aspect non constructive de cette valeur, car cet assujettissement l'amène à ne pas mobiliser de manière optimale ses ressources. Cette valeur a notamment des conséquences sur la compétence de Patrice en organisation et en planification. Patrice est très compétent pour organiser des événements, mais il a tendance à mettre cette compétence de côté dès qu'il sent que son point de vue peut blesser une autre personne. Cet exemple renforce l'importance pour les participants de prendre conscience des interactions entre leurs valeurs et les autres composantes de leur identité pour faciliter l'appropriation des compétences.

Les valeurs ont également un impact sur plusieurs dimensions de la vie des travailleurs qui réalisent leur bilan de compétences. D'abord, pour plusieurs auteurs (Putti, Aryee et Liang, 1989; Dubin, Champoux et Porter, 1975), les valeurs constituent le fondement de l'attachement à l'organisation d'un individu. D'autres auteurs (Fineman, 2000 et Dionne, 2003) approfondissent ce lien en précisant que l'attachement professionnel est soutenu non seulement par les valeurs, mais par les valeurs individuelles et organisationnelles. Ces deux auteurs soulignent dans leurs résultats de recherche que plus un individu partage les valeurs de son organisation, plus il sera attaché à celle-ci; au contraire, moins la personne partage les valeurs de l'entreprise, moins elle est attachée à celle-ci. De plus, les valeurs constituent des déterminants importants dans le choix que font les individus de garder ou de quitter leur travail (Sheridan, 1992). Ainsi, plus ils vivent un conflit de valeurs avec leur employeur, plus ils songent à quitter leur emploi; au contraire, plus ils partagent les valeurs de l'entreprise, moins ils envisagent de la quitter.

Plusieurs personnes réalisant un bilan de compétences soulignent que les conflits de valeurs avec leur ancien employeur les a amenées à se détacher de celui-ci, puis à quitter leur travail. Cette congruence entre les valeurs de l'individu et celles de son environnement semble également avoir de l'influence sur la satisfaction au travail des individus. Selon Dawis (1996), plus les valeurs du travailleur concordent avec celles de son environnement, plus son travail lui procurera de la satisfaction. Tous ces écrits viennent appuyer l'importance accordée aux valeurs dans une démarche de bilan de compétences. En effet, ils permettent de constater que les valeurs influencent plusieurs dimensions primordiales du vécu des individus sur le marché du travail, tels que l'attachement organisationnel, la satisfaction et le maintien au travail. Pour la personne qui fait une démarche de bilan de compétences, il devient donc essentiel de se questionner sur ses valeurs, autant pour identifier les ressources qui sous-tendent ses compétences que pour définir un projet porteur de sens, c'est-à-dire cohérent avec ses valeurs.

Bilan de compétences et besoins

La motivation d'un individu à développer des compétences et, plus globalement, à se donner un projet professionnel, est directement liée à ses besoins. La typologie des besoins de St-Arnaud (1996) et de Glasser (1998)[59] nous aide à mieux comprendre l'importance des différents besoins dans l'histoire développementale de la personne. Dans notre perspective, les besoins de la personne sont liés à ses valeurs, ses intérêts, ses connaissances, ses qualités et aux ressources de son environnement. Ces besoins motivent à développer telle compétence plutôt qu'une autre. Par exemple, Caroline, qui vient d'un milieu défavorisé, a abandonné l'école à l'âge de 14 ans pour plusieurs raisons : taxage à l'école, problèmes familiaux, etc. À la suite de son divorce, sa mère s'est retrouvée dans l'extrême pauvreté et Caroline a dû travailler pour subvenir aux besoins de sa famille. Ce vécu l'a amenée à développer des ressources et des limites en lien avec ce contexte de vie. À 26 ans, ouvrière non spécialisée, elle est venue faire un bilan de compétences qui lui a permis de dégager des ressources développées à cause d'un manque de sécurité et de bien-être durant son adolescence. Par exemple, elle a développé une valeur

59. Glasser (1998) souligne que, tout au long de sa vie, l'individu fait des choix pour répondre à ses cinq besoins fondamentaux universels : la survie, l'appartenance, le pouvoir, le plaisir et la liberté. Cette typologie est décrite dans l'activité portant sur les besoins.

d'entraide très forte, elle est débrouillarde, travaillante et possède des connaissances dans la manipulation des machines. Toutes ses ressources, de même qu'un environnement industriel favorable, l'ont amenée à développer une compétence en travail manuel. Nous pouvons donc constater que les besoins de Caroline ont influencé le développement de ses ressources. Dans un contexte où ses besoins de sécurité et de bien-être auraient été remplis, elle aurait peut-être développé d'autres types de ressources et, potentiellement, des compétences différentes.

Pour mieux comprendre l'influence des besoins sur le développement d'une compétence, nous avons créé un schéma. Celui-ci illustre la constellation des ressources d'une compétence à partir des besoins de la personne. À la figure 4, les différentes ressources sont liées aux besoins de la personne; elles lui permettent de développer une compétence ou d'envisager d'en développer une.

Figure 4

Constellation des ressources d'une compétence à partir des besoins de la personne

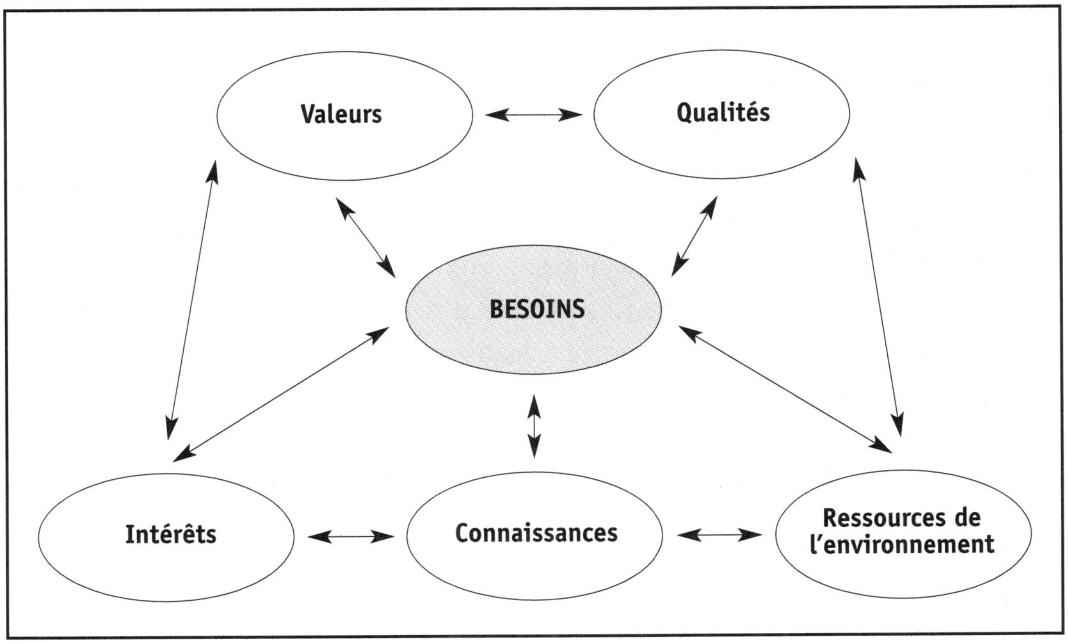

En nous inspirant de la constellation de la page précédente, nous déduisons que, dans l'intervention au moment des phases de rétrospective, de prospective et de réalisation, nous accompagnons les individus à comprendre comment ils ont développé leurs compétences en lien avec leurs besoins, leurs valeurs, leurs intérêts, leurs qualités et les ressources de leur environnement. L'exploration et la compréhension des besoins qui sous-tendent les actions apportent un éclairage précieux aux personnes quant aux enjeux de leur réorientation, de leur maintien en emploi ou de leur insertion professionnelle. En effet, dans le cadre d'une démarche de bilan de compétences, il est essentiel pour les personnes d'explorer et de comprendre les besoins qu'elles tentent de satisfaire, en identifiant leurs compétences et un projet professionnel. En reconnaissant leurs besoins, les personnes comprennent souvent leurs insatisfactions professionnelles et personnelles passées. Par exemple, une cliente a réalisé que, dans son dernier emploi, comme journalière non spécialisée, elle n'était pas considérée et que cela l'avait grandement affectée. Son besoin de considération, directement lié à cette même valeur, a validé son choix d'une spécialisation comme commis comptable. Cette orientation lui permettait de se sentir considérée par l'actualisation de son intérêt et de ses connaissances en mathématiques. Cette cliente a aussi pris conscience que sa relation de couple actuelle et que ses relations passées étaient la répétition de ce même manque de considération, ce qui a aussi eu des conséquences sur son projet de vie[60].

Bilan de compétences et traits de personnalité/qualités

Notre conception de la compétence inclut les traits de personnalité de l'individu, qui sont considérés comme des ressources mobilisées par ce dernier. Dans les organisations ou, plus largement, sur le marché du travail, les traits de personnalité sont plus communément identifiés comme des qualités. Selon le dictionnaire *Le Robert* (2006), les qualités sont une manière d'être plus ou moins caractéristique de la personne. Les traits de personnalité ou qualités sont liés aux valeurs, intérêts et aptitudes; font partie de la constellation d'une compétence; comme nous l'avons illustré à la figure 4. Étant donné qu'une démarche de bilan de compétences

60. Nous avons revu cette cliente trois ans après sa démarche de bilan et celle-ci se sentait pleinement considérée dans son emploi de commis comptable. Par ailleurs, elle vivait depuis deux ans avec un nouveau conjoint, avec lequel elle se sentait aussi considérée.

vise à favoriser l'insertion sociale et professionnelle, nous utilisons autant le terme « qualités », majoritairement utilisé sur le marché du travail que le terme « trait de personnalité » plus largement utilisé par les divers spécialistes de la psychologie et de l'orientation.

Les traits de personnalité ou les qualités renvoient à des caractéristiques généralement stables dans le temps, qui influent sur la façon dont l'individu réagit aux diverses situations de sa vie. Cette conception de stabilité de la personnalité n'a jamais cessé d'opposer les chercheurs. Nous ne trancherons pas ici sur la stabilité ou non d'un trait de personnalité, ni sur sa construction. Toutefois, que ce soit pour se réorienter, se maintenir ou s'insérer en emploi, il est utile pour l'individu d'identifier les traits de personnalité, les qualités mobilisés dans le cadre de ses compétences. Par exemple, pour une compétence de service à la clientèle, la politesse, la gentillesse et la courtoisie sont souvent des qualités mobilisées par la personne. De même, l'honnêteté est souvent citée comme une qualité importante dans les compétences du domaine de la finance.

Lors de leur bilan de compétences, et plus spécifiquement dans la démarche de groupe, les personnes prennent également conscience des traits de personnalité qui représentent des qualités, mais aussi des limites dans leurs relations avec les autres. Par exemple, Annick réalise qu'elle se présente comme une personne hypersensible. Cette hypersensibilité l'amène à être particulièrement douce et gentille avec les autres. Toutefois, cette hypersensibilité l'amène aussi à exiger une certaine réciprocité. Autrement dit, elle s'attend à ce que les autres fassent continuellement attention à leur manière de lui parler. Elle prend conscience durant sa démarche de bilan, notamment dans le groupe, que ce trait de personnalité l'empêche d'avoir des rétroactions honnêtes sur ses forces et limites. Cela l'amène à faire un lien important entre cette situation dans le groupe et ses emplois antérieurs. En effet, lorsque ses patrons avaient des demandes particulières à lui faire pour améliorer son travail, ils hésitaient à lui en parler par peur de sa réaction. Elle pouvait être très bouleversée et pleurer ou en colère et bouder. En amenant les autres à sentir qu'ils marchaient sur des œufs dans leur interaction avec elle, elle a nui à son développement professionnel. Elle passait ainsi à côté de possibilités d'avoir des mandats diversifiés. Cet exemple nous permet de constater que les traits de personnalité sont non seulement intéressants à identifier pour décrire la compétence, mais qu'ils constituent aussi une excellente porte d'entrée pour identifier les limites. En effet, cette connaissance de leurs qualités et limites permet aux individus d'avoir une meilleure compréhension de soi qui, en plus de leur être utile pour identifier leur projet et décrire leurs compétences, peut aussi leur servir dans leur recherche d'emploi ou sur le marché du travail. La question d'entrevue « Quelles sont vos qualités? » constitue d'ailleurs un lieu commun auquel presque toutes les personnes qui pensent réintégrer le marché du travail doivent se préparer.

Les qualités ou traits de personnalité ramènent aussi la notion d'unicité de la compétence. En effet, deux personnes ayant une compétence en relation d'aide ne mobiliseront pas nécessairement les mêmes qualités pour l'exercer. Une personne pourrait, par exemple, mettre en évidence sa patience alors que l'autre soulignera plutôt sa rigueur. Pour Le Boterf (2004, p. 64), les qualités sont parmi les ressources personnelles que l'individu mobilise pour agir avec compétence. Selon cet auteur, la principale difficulté concernant les qualités est de les décrire de façon opérationnelle afin d'éviter des formulations trop générales. Pour ce faire, il précise qu'il est utile de décrire les qualités dans le contexte particulier des pratiques professionnelles. D'ailleurs, dans notre approche du bilan de compétences, les qualités et les traits de personnalité sont décrits dans des contextes précis. L'individu est amené à identifier les principales qualités qui sont mobilisées pour telle compétence dans un contexte donné. Dans la préparation de leur portfolio, nous incitons notamment les individus à décrire les contextes dans lesquels ils ont développé leurs compétences, et qui les caractérisent. Par exemple, Julie, qui possède des compétences en organisation et en relation d'aide, ne mobilisera pas nécessairement les mêmes qualités. Pour agir sa compétence en organisation, elle mettra de l'avant ses qualités de détermination et de persévérance et sera centrée sur les objectifs. Dans sa compétence en relation d'aide, elle mobilise davantage ses qualités d'empathie et d'écoute et est centrée sur la personne. Sans que les premières qualités de Julie disparaissent, elles sont moins mobilisées dans une tâche de relation d'aide.

Enfin, les qualités et traits de personnalité constituent des ressources importantes à considérer pour l'identification des compétences et, plus globalement, pour une meilleure compréhension de soi, notamment en interaction avec son environnement. Dans le cadre de notre démarche de bilan de compétences, les individus sont amenés à explorer leurs qualités et limites, à les comprendre et ensuite à agir en lien avec cette compréhension dans l'identification de leur projet. Cette exploration, cette compréhension et les actions qui en découlent se réalisent au cours des trois phases de la démarche de bilan de compétences.

Bilan de compétences et connaissances

Les connaissances constituent des ressources importantes que l'individu mobilise dans ses compétences. La plupart des pratiques actuelles du bilan de compétences en orientation ne font pas l'identification des connaissances mobilisées pour décrire la compétence. Pourtant, cette dimension de la compétence est essentielle peu importe le contexte dans lesquelles les connaissances ont été acquises.

Tardif (1997) identifie trois types de connaissances : déclaratives, procédurales et conditionnelles. Ce dernier précise que les connaissances déclaratives correspondent aux connaissances théoriques (savoir). Par exemple, pour être compétent dans l'accompagnement d'une personne, dans notre démarche de bilan de compétence, il importe d'avoir des connaissances déclaratives ou un savoir théorique sur le modèle de bilan de compétences, la transition, le projet, les besoins, les intérêts, les valeurs, la compétence, le counseling, les connaissances, les qualités, etc. Toutefois, ces connaissances sont insuffisantes pour être compétent; elles doivent également être mises en action. Cela correspond aux connaissances procédurales, ou savoir-faire, qui réfèrent au « comment de l'action, aux étapes pour réaliser une action, à la procédure permettant la réalisation d'une action » (Tardif, 1997, p. 50). Cela fait référence à la manière d'amener l'individu à s'explorer, à se comprendre et à agir de façon cohérente avec cette compréhension de soi dans les différentes phases du bilan. Par exemple, la conseillère connaît la procédure d'accompagnement d'une personne, procédure nécessitant directionnalité, autorité, empathie, confrontation. Cela lui permettra d'aider l'individu à identifier ses compétences et à déterminer un projet en lien avec celles-ci.

Enfin, les connaissances conditionnelles « [...] réfèrent aux conditions de l'action. À quel moment et dans quel contexte est-il approprié d'utiliser telle ou telle stratégie, telle ou telle démarche, d'engager telle ou telle action. » (Tardif, 1997, p. 52). Ces connaissances sont très importantes dans la compétence, car ce sont celles qui permettent à un individu de savoir quand il peut mobiliser son savoir (connaissance déclarative) et son savoir-faire (connaissance procédurale) pour exécuter une tâche. Par exemple, la conseillère reconnaît les conditions qui lui permettent de privilégier un type exploratoire plutôt qu'une empathie avancée visant à augmenter la compréhension de soi. Ces conditions sont multiples. Les conditions amenant par exemple une conseillère d'orientation à privilégier le type exploratoire avec une personne peuvent être : si elle est en phase de rétrospective, si celle-ci est à la première entrevue, si le lien émotionnel avec son client est fragile, etc. Elle peut également privilégier une empathie de base plutôt qu'une empathie avancée ou une confrontation. Pour mieux comprendre comment peuvent se combiner les différents types de connaissances pour agir avec compétence, voici un autre exemple, tiré cette fois du domaine de l'administration. Dans sa compétence en marketing, Daniel possède des connaissances sur les stratégies de vente (connaissances déclaratives) et il sait comment approcher un client pour créer une relation de confiance (connaissances procédurales). De plus, ses connaissances du contexte vont lui indiquer à quel moment il est approprié d'écouter le client, de le couper ou de saisir le moment opportun pour mettre un peu de pression et conclure la vente, etc.

Ainsi, les individus mobilisent différents types de connaissances, qui sont autant de ressources incluses dans leurs compétences. Chaque individu va mobiliser des connaissances déclaratives, procédurales et conditionnelles qui lui sont propres, et cela contribue à l'unicité de sa compétence. Dans notre pratique, nous avons souvent remarqué que les personnes sous-estiment les connaissances développées en dehors du cadre scolaire. La démarche de bilan de compétences est un lieu privilégié pour les rendre explicites et les reconnaître, elle peut même constituer un premier pas vers la reconnaissance officielle de celles-ci. Qu'elle soit formelle ou non formelle, il nous apparaît que la reconnaissance concrète des connaissances comme ressources mobilisées dans une compétence contribue à renforcer l'impact positif sur l'estime de soi.

Bilan de compétences et transition

Les personnes qui entreprennent une démarche de bilan de compétences, en plus d'être ébranlées dans la reconnaissance de leurs compétences, se retrouvent régulièrement dans une situation de transition. Une transition apporte des changements qui, bien souvent, sont bouleversants. Elle suscite son lot d'émotions, de pensées et de confusion, qui peuvent emmener les personnes dans des zones inconnues d'elles-mêmes. Dans un tel contexte, la compréhension de leur vécu actuel et des impacts de la transition devient une source d'apaisement considérable.

Le processus de transition s'enclenche à la suite d'une réaction évidente ou subtile à un évènement ou à l'absence d'évènement, ce qui déclenche un changement dans la perception de la personne par rapport à elle-même, ses relations avec les autres, ses routines, et ses attentes et rôles (Schlossberg et *al.*, 1995). La durée du processus de transition varie d'une personne à l'autre, notamment parce que l'ampleur de la transition dépend de la perception des conséquences de cet évènement ou de l'absence d'évènement pour cette personne. Les évènements qui provoquent une transition professionnelle peuvent être un transfert dans une autre région, un changement dans la structure organisationnelle de l'entreprise, une rétrogradation (salariale ou hiérarchique), la perte d'un emploi, etc. Quant à l'absence d'évènements qui peuvent enclencher une transition professionnelle, elle peut débuter par une impression de piétinement, qui déclenche une insatisfaction grandissante au travail, une perte importante de plaisir à accomplir ses tâches, le sentiment de vide, de tourner en rond, etc. La personne peut alors entreprendre une démarche de bilan de compétences parce qu'elle souhaite poursuivre un développement qui ne se produit pas naturellement dans le cadre de son travail. La transition provoquée par ce type d'évènement ou l'absence d'évènement professionnel amène ainsi la personne à souhaiter participer à une démarche de bilan de compétences pour faire le point sur sa situation et prendre du pouvoir sur sa vie ou, plus précisément, sur un évènement (choisi ou subi)ou l'absence d'évènement.

Notre intervention est influencée par le modèle de Shlossberg *et al.* (1995). Ce modèle soutient que les adultes expérimentent continuellement des transitions. Les réactions des adultes face aux transitions sont influencées, entre autres, par le type de transition, le contexte dans lequel elles se produisent et l'impact de celles-ci leur vie. La transition est un processus dynamique qui se déroule dans le temps. Elle inclut des phases de mouvement pendant lesquelles l'individu entre dans la transition, la vit et en sort et procède à une intégration progressive des changements impliqués par celle-ci. Cette modélisation nous intéresse parce qu'elle nous permet de construire des activités et d'amener l'individu à mieux comprendre son adaptation face aux changements vécus de même que les ressources et limites qu'il mobilise pour y faire face. Ainsi, nous amenons l'individu à explorer et à comprendre les ressources personnelles et environnementales qu'il peut mobiliser pour faire face à la transition tout en l'aidant à identifier et à comprendre ses limites personnelles et environnementales dans cette même situation. Cette façon de comprendre la transition et, plus globalement, son développement, permet à l'adulte d'améliorer la perception de son efficacité personnelle (Bandura, 1976,2003) et de prendre du pouvoir sur cette situation. Dans la pratique, nous observons qu'amener l'individu à se centrer sur ses forces tout en tenant compte de ses limites lui permet de mettre en place des stratégies pour mieux vivre la situation actuelle et pour élaborer par la suite de nouveaux projets. De plus, l'approche de la transition de Schlossberg *et al.* (1995) est tout à fait cohérente avec notre approche de la compétence, dans laquelle nous parlons aussi des ressources personnelles et environnementales et de leur mobilisation.

Par ailleurs, nous nous inspirons fortement du modèle de Roberge (1998), qui conçoit la transition comme un processus universel que tout individu, peu importe son origine, sa culture, son parcours, ses ressources, etc., est susceptible de vivre. Dans le modèle de Roberge (1998), l'automne réfère au deuil, l'hiver au neutre et le printemps au nouveau départ. Cette analogie avec les saisons est très efficace avec les clients, qui comprennent rapidement que le processus de transition est naturel et qu'il est bon de lui laisser du temps, tout comme on laisse aux bourgeons le temps d'éclore. Ce discours sur le temps nécessaire est souvent réparateur pour les individus qui se sont sentis bousculés dans un marché du travail où tout semble exagérément urgent. Ainsi, nous avons remarqué aux cours des années que cette manière d'aborder la transition est souvent apaisante pour les personnes. Notre expérience pratique nous amène donc à nous inspirer de l'utilisation de l'analogie des saisons de Roberge pour faciliter la compréhension et l'intégration des expériences de transition tout en intégrant la vision dynamique, complexe et interactive de Schlossberg et *al.*

La transition au cœur du processus et des phases du bilan de compétences

Au-delà des modélisations de la transition, ce qui caractérise notre intervention par rapport à ce phénomène, est l'accompagnement de la personne en transition pour l'aider à cibler ses ressources et ses limites. De même, l'individu est accompagné dans les différents vécus (émotions, pensées, comportements, etc.) que suscite la transition. Il a un espace pour « être » en transition. Nous accompagnons en effet la personne dans plusieurs aller-retour qui l'amènent à s'explorer, à se comprendre et à poser des actions en lien avec cette compréhension de soi.

Phase de rétrospective

Dans la phase de rétrospective, nous portons une attention particulière, lorsque cela est pertinent dans le cadre de l'alliance de travail, à « l'histoire des transitions de la personne ». En effet, les personnes mettent souvent en place les mêmes stratégies construites à travers leur histoire.

Par exemple, Marianne a remarqué qu'elle quittait toujours ses emplois de la même manière. Avec de l'accompagnement, elle a fait un lien avec sa façon de quitter ses conjoints et son histoire familiale. Son père avait quitté sa mère alors qu'elle avait sept ans et elle avait beaucoup souffert de cet abandon. Une fois sur le marché du travail, elle quittait brusquement ses employeurs, souvent dépités, car ils étaient fort satisfaits de ses compétences. Elle donnait deux semaines d'avis, car elle avait déjà trouvé un autre emploi. Elle reproduisait ainsi depuis 35 ans cette même « scène modèle » qui consiste à partir pour un autre en laissant derrière elle des personnes qui auraient souhaité maintenir le lien avec elle. Elle a entrepris une démarche de bilan de compétences, bien qu'inconsciente de ce scénario, car elle se sentait à bout de souffle. Elle était en emploi et commençait à ressentir de nouveau une insatisfaction montante envers un employeur qui ne la reconnaissait pas à sa juste de valeur. En même temps, elle avait une sensation de déjà vu et elle commençait à être fatiguée de ce cycle de trois à cinq ans. Sa démarche était motivée, à la fois par son insatisfaction, et par un vague doute sur elle-même. L'objectif de sa démarche de bilan de compétences en individuel a été d'identifier ses compétences et de faire le point sur sa situation actuelle. Elle envisageait de se maintenir dans son emploi actuel (développer des stratégies de maintien plutôt que de quitter) ou bien de changer à nouveau d'emploi, mais en comprenant vraiment les raisons profondes de son insatisfaction. Par ailleurs, elle restait ouverte à une réorientation professionnelle ou à un perfectionnement en administration qui pourrait la mener à des postes de gestion lui permettant peut-être d'atteindre cette fameuse reconnaissance qu'elle espérait de ses patrons.

Guidée par le système de transition des 4S de Schlossberg *et al.*, la conseillère a amené Marianne à identifier les ressources développées à travers son histoire personnelle et développementale. Évidemment, elle avait construit de nombreuses ressources à travers ses multiples transitions professionnelles et personnelles. Elle était une secrétaire de direction reconnue, compétente et appréciée. Elle avait une grande capacité d'adaptation, une facilité à s'intégrer à de nouveaux milieux et à appendre de nouvelles procédures. Elle savait se rendre désirable et attrayante aux yeux des employeurs, ce qui lui demandait par ailleurs beaucoup d'énergie. Elle avait un large réseau professionnel sur lequel s'appuyer, dont elle entretenait les relations avec grand soin. Toutefois, ses nombreuses ruptures avec ses employeurs avaient laissé des traces indélébiles dans certains cas. Néanmoins, elle mettait une grande énergie à maintenir ou à réparer ses relations avec ses anciens employeurs et elle leur laissait miroiter un éventuel retour lorsque les conditions nécessaires seraient réunies. Elle considérait qu'elle avait un excellent soutien de son réseau professionnel. Du côté personnel, de bonnes amies étaient aussi disponibles pour l'écouter et la soutenir.

Pour mieux comprendre sa manière d'effectuer les transitions, Marianne a d'abord exploré les différents contextes dans lesquels elle reproduisait cette façon de faire. Elle prenait graduellement conscience que cette façon de quitter ne se limitait pas à sa vie professionnelle, mais que cela se reflétait dans sa vie personnelle, plus particulièrement dans ses relations de couple et sa vie familiale. Cette exploration l'a graduellement amenée à comprendre qu'elle avait mis en place des manières de se protéger pour ne pas être blessée dans ses relations avec les hommes. En quittant son premier emploi alors que l'employeur l'appréciait réellement, elle évitait d'être quittée et elle avait une sorte de pouvoir sur la situation. Ses employeurs étaient tous des hommes, et elle commençait à voir le lien entre ceux-ci et son père. Dès lors, son attitude commençait à changer au travail, elle prenait aussi de plus en plus conscience de l'énergie qu'elle mettait à charmer tout le monde et de cette fatigue qui l'habitait de plus en plus.

À la lumière de l'analogie avec les saisons, elle a compris que, dans son pays à elle, l'automne n'existait finalement pas ou, autrement dit, qu'elle vivait ses deuils dans un climat de printemps, de nouveau départ. Peut-être était-ce pure coïncidence, mais elle n'aimait justement pas l'automne surtout de la mi-octobre au solstice d'hiver. En même temps, comme le soulignent Schlossberg *et al.*, une personne qui utilise ce genre de stratégie de faire cohabiter dans le même espace/temps le deuil et le renouveau n'escamote pas nécessairement la phase de deuil, mais la vit différemment. Elle peut avoir tendance à comparer l'ancien et le nouveau.

Phase de prospective

Dans la phase de prospective, nous poursuivons l'accompagnement de la transition de la personne en nous centrant particulièrement sur les ressources personnelles et environnementales que celle-ci a identifiées comme potentiellement mobilisables dans sa démarche, mais aussi dans la réalisation de son projet.

Par exemple, Marianne a identifié ses ressources et elle en a développé d'autres à travers sa démarche, qui l'ont amenée à décider de se maintenir en emploi, en modifiant sa manière de se réguler avec ses patrons et son entourage. Sa conseillère l'a amenée à se projeter comme une personne plus épanouie dans son travail grâce à un changement intérieur tolérable et intégrable. Elle avait compris qu'elle ne comblerait pas ses besoins de sécurité, de stabilité affective, d'acceptation et de respect en changeant continuellement d'emploi. Elle avait assez utilisé cette stratégie par le passé pour le savoir. En fait, elle voulait tenter de se maintenir en emploi tout en risquant de perdre le contrôle d'être rejetée ce qui la laisserait démunie comme lorsqu'elle était enfant et que son père était parti. Il faut comprendre que ce risque-là, en apparence banal pour une autre personne, touchait à sa grande peur de l'abandon et qu'il était, par conséquent, très difficile à prendre pour Marianne.

Phase de réalisation

La phase de réalisation est le temps privilégié pour amener la personne en transition à consolider les ressources qu'elle a identifiées, projetées et mobilisées dans les phases précédentes pour les mettre au service de son projet professionnel.

Marianne a reçu un accompagnement une fois par semaine et elle a fait des activités de conscience réflexive de soi en action. Elle tenait un journal de bord et, tous les jours, elle prenait note de ses émotions, pensées, réactions somatiques en lien avec son objectif de changement. Elle ajustait lentement mais sûrement, par des pas accessibles, ses actions au travail, ce qui lui permettait de se sentir de mieux en mieux. Elle était fière de prendre des risques, malgré la peur de l'abandon qui était toujours présente. Elle s'est maintenue de cette façon en emploi pendant plusieurs années.

En somme, l'accompagnement de la transition est central dans un processus de bilan de compétences. Il crée l'espace psychologique nécessaire à la détermination d'un nouveau projet. Cet espace s'avère crucial pour plusieurs personnes lorsqu'elles arrivent au bilan de compétences en vivant une confusion ou des sentiments reliés à leur transition, qui bloquent momentanément l'accès à un projet professionnel.

Bilan de compétences et projet

> « S'il suffit de concevoir pour réaliser, me voilà plongé dans un monde semblable à celui du rêve, où le possible ne se distingue plus aucunement du réel. »
>
> Jean-Paul Sartre

Comment aborder une démarche de bilan de compétences sans envisager la notion de projet? En effet, la détermination d'un projet d'insertion, de maintien ou de réorientation professionnelle constitue le but d'un processus de bilan de compétences. L'identification d'un projet amène l'individu à donner une direction, un sens à sa carrière. L'individu est amené à faire émerger un projet qui va favoriser l'utilisation de ses ressources ou, autrement dit, à agir de manière cohérente avec la compréhension de ses ressources. Plus qu'un choix immédiat, le projet permet à l'individu de se donner une direction à court, moyen et long terme.

Notre conception du projet n'est ni linéaire ni statique; elle est plutôt dynamique et fluide, en interaction avec l'environnement de l'individu. Autrement dit, bien que le projet émerge d'une volonté de l'individu, cette volonté n'est pas déconnectée de son environnement. Ainsi, Daniel, dans le cadre de sa démarche de bilan de compétences, souhaitait démarrer un café couette. Il réalise que le marché de sa région est saturé pour ce type d'établissement et que sa seule volonté n'est pas suffisante pour réaliser son rêve. L'analyse et la compréhension de ses ressources et de ses limites personnelles et environnementales l'amènent à maintenir le désir de développer les même ressources (par exemple, intérêt : contact avec les gens;

valeurs : autonomie, réalisation, compétences; service à la clientèle, etc.). Daniel a été amené à maintenir la même direction avec une destination plus accessible à court terme, tout en restant éveillé aux opportunités d'action à moyen et à long terme. Il a ainsi identifié un compromis noble. Daniel a accepté un poste de gérant dans un petit hôtel de sa région, où il peut agir avec autonomie et s'approcher de son projet initial en développant les compétences nécessaires à la tenue d'un tel établissement (par exemple : gestion). Les propriétaires étant près de la retraite, il pense avoir des chances d'acquérir ce petit hôtel dans quelques années.

Dans notre démarche de bilan de compétences, le projet est au cœur de la complexité pour s'actualiser dans un environnement en mouvement et incertain. Se donner un projet n'est pas se figer dans la certitude. Ce n'est pas non plus s'enfermer dans un cadre fixe et astreignant. L'individu se donne une direction de base qui peut favoriser un ajustement créateur dans les tensions inhérentes à son interaction avec son environnement. À travers le projet, nous percevons l'individu comme porteur d'actions, de mouvement dans un environnement où il peut être proactif. Notre expérience dans l'accompagnement de personnes en processus de bilan de compétences nous permet de dire que le projet n'est pas une assurance contre les chocs, les ruptures et les pertes éventuelles. Toutefois, nous avons constaté que, pour plusieurs personnes, le projet est un ancrage permettant de faire face à l'imprévu, à la mouvance et à l'incertitude. Il permet de garder le cap dans les tempêtes du marché du travail et de la vie.

Certains auteurs ont approfondi la conceptualisation du projet[61]. Si nous nous inspirons de Boutinet (2004) de même que de Goguelin et Krau (1992), l'imaginaire, ou la représentation constituerait l'amorce de l'élaboration du projet. Dans le cadre de notre bilan de compétences, la chronologie des activités respecte ce besoin d'imaginaire pour faire éclore le projet. Les activités traitant du projet commencent par une visualisation. Celle-ci permet d'amener les personnes à explorer, à partir de l'imaginaire, des éléments pertinents à l'identification d'un futur projet professionnel. La vision fantaisiste favorise l'accès à la créativité, source d'inspiration pour un projet. Dans leur démarche, les participants et participantes arrivent donc à se représenter la situation souhaitée qu'ils voudraient rendre réelle. Ils constatent l'écart entre la situation actuelle et la situation souhaitée. Cette

61. Voir, entre autres, Boutinet 2004, 1996, 1993, 1990; Dubois, 1994; Goguelin et Krau 1992; Lhotellier, 1986, 2001.

révélation sert de base à l'élaboration du projet. Elle stimule la motivation à mettre en place des stratégies pour réaliser le projet.

Après avoir puisé des idées de projets dans l'imaginaire, l'individu explore ces différentes pistes d'information afin de les valider. Plusieurs plages d'activités sont accordées à cette exploration de possibilités. Ensuite, l'individu voit son projet confronté, lors de l'activité de présentation de projet, à ses ressources et limites personnelles et environnementales et à la réalité du marché du travail. Cette confrontation nous paraît nécessaire pour mettre à l'épreuve l'exploration et la compréhension de soi, car, comme le soutient Lhotellier (2000), il importe de ne pas se satisfaire trop rapidement des idées de projet. Dans la pratique, nous constatons souvent que certaines personnes ont tendance à s'accrocher au premier choix qui leur paraît intéressant et qu'elles tentent de construire un projet, sans pousser davantage leur investigation. La confrontation peut amener à considérer d'autres possibilités, ou encore, à tenir davantage compte de leurs ressources et limites personnelles et environnementales. Elle constitue une étape importante de l'identification et de la clarification du projet.

Nous utilisons la typologie de Goguelin et Krau (1992) pour aider les participants à s'approprier la notion de projet. Ces auteurs considèrent que quatre types de projets sont fondamentaux et porteurs des valeurs de l'individu. Selon eux, le projet social correspond à l'expression d'une volonté d'avoir des responsabilités et de l'influence sur le plan social. Le projet économique indique l'importance accordée aux revenus et au fait de combler des besoins financiers. Le projet affectif souligne la priorité pour développer des relations affectives satisfaisantes tandis qu'un projet de développement de soi exprime une intention de croître, de s'actualiser ou de développer son potentiel. La figure 5 présente les types de projets liés les uns aux autres par un système de flèches bidirectionnelles afin de démontrer leur interactivité. Une personne qui privilégie le projet de développement de soi est simultanément en interaction avec les trois autres projets. Nous observons que le temps qu'elle investit dans ce projet ne peut être mis dans les autres axes de projet. Le graphique illustre également que le projet de vie inclut l'ensemble des quatre axes de projet (social/économique/affectif/développement). Ainsi, il est possible de déduire que la réalisation de projets et la réussite ne s'inscrivent pas uniquement dans la sphère professionnelle. C'est donc en se basant sur la répartition désirée entre les quatre axes du projet de vie qu'une ligne directrice est tracée.

Par exemple, dans son projet affectif, Madeleine a choisi par le passé de consacrer beaucoup de temps à la maison pour élever ses enfants. Maintenant, elle veut accorder plus d'importance au projet social et économique en travaillant comme de gérante de services alimentaires. Nous le comprenons dans l'exemple de Madeleine, la notion de temporalité entre en jeu dans la répartition des axes de projet. Peu importe l'axe de projet privilégié, nous disposons d'une limite de 24 heures par jour, dont huit heures sont normalement assignées au sommeil et aux besoins de base. Les 16 heures restantes sont réparties selon l'axe de projet privilégié. Comme le souligne Goguelin et Krau (1992), « [...] tout ce qui sera consacré en plus à un projet sera enlevé aux autres » (p. 57). Par conséquent, si nous prenons l'exemple de Madeleine, dans les 16 heures restantes de sa journée, 5 heures pourraient être accordées au projet économique, 4 heures au projet social, 4 heures au projet affectif et 3 heures au projet de développement de soi.

Figure 5
Les quatre axes de développement d'un projet
Adaptation du concept de Goguelin et Krau (1992)

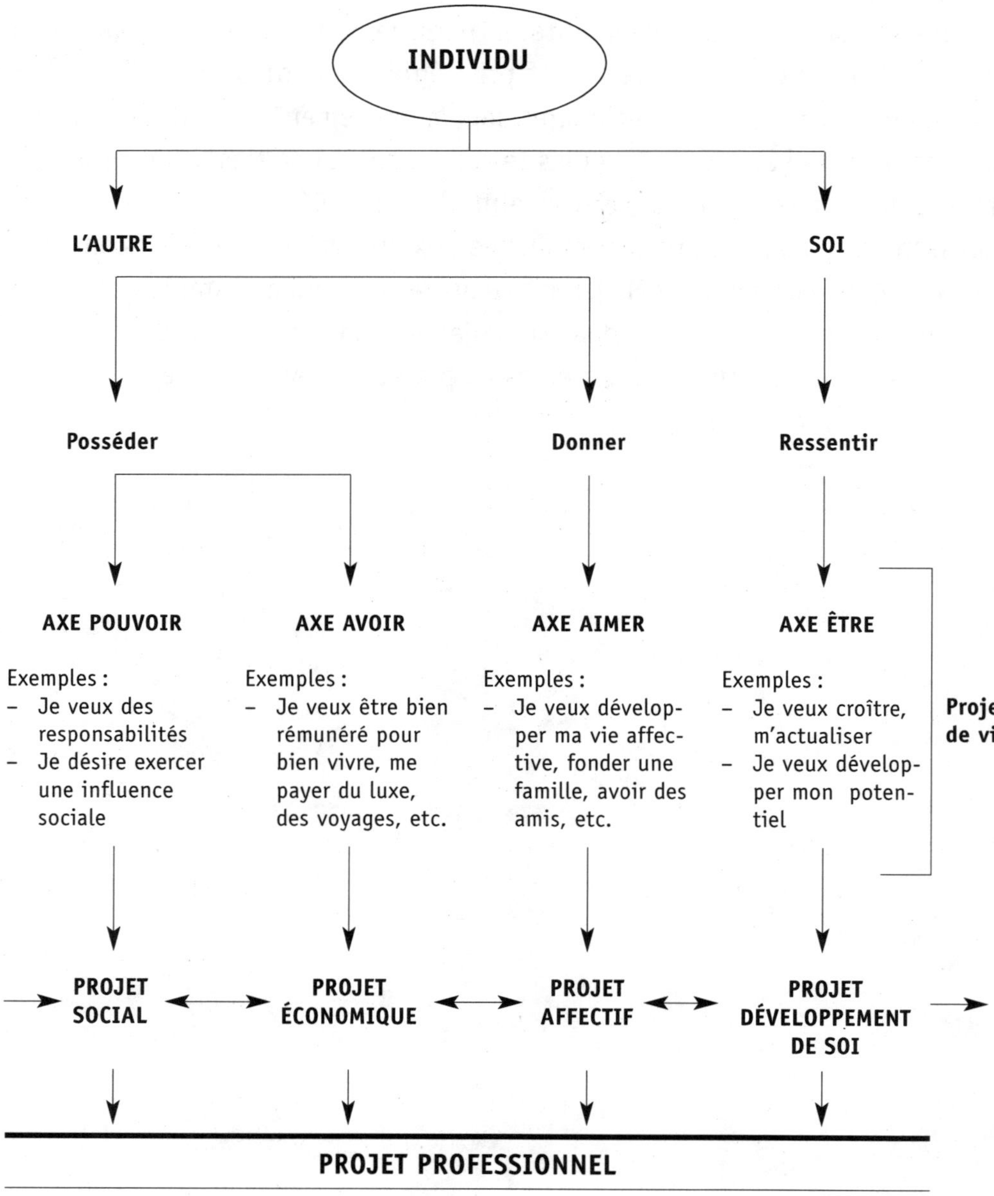

Afin de s'assurer de respecter cette réalité temporelle, les participants sont invités à illustrer le temps consacré à la réalisation de leurs projets passés, actuels et futurs sur des thermomètres qui ne peuvent cumuler plus de 16 heures. Bien souvent, à cette étape, les individus identifient des éléments de compréhension de soi les aidant à préciser les axes de projet dans lesquels ils veulent s'investir.

Cet exercice permet à Caroline de réaliser que, dans le passé, elle investissait la majorité de son temps dans son entreprise (projet économique et social). Elle réalise qu'elle souhaite avoir une vie amoureuse, car elle a constaté au cours de la phase de rétrospective que ses valeurs d'amour et de famille avaient été négligées. Lorsqu'elle se projette dans l'avenir, elle envisage de faire une place significative à son projet affectif.

L'individu architecte de son projet

Un des enjeux principaux de la réussite d'un projet est la participation active de l'individu à toutes les étapes de la réalisation de celui-ci. Sans cette participation, le projet risque d'être un moule préfabriqué par les intervenants et intervenantes, qui induit une croyance qu'il faut être en projet à tout prix (Lhotellier, 1997). Plusieurs auteurs soulignent en ce sens que l'individu est l'auteur et l'acteur de son projet, de sa conception à sa réalisation (Boutinet 2004; Goguelin et Krau (1992). Cet enjeu de responsabilisation nous apparaît essentiel, car dans le contexte de mouvance du marché du travail actuel, l'individu doit régulièrement redéfinir les contours de son projet afin de réévaluer son trajet, voire ses trajets. Cette vision de l'individu comme étant l'architecte de son projet favorise la mobilisation de ses ressources.

L'adaptation lors de l'élaboration du projet

L'individu qui s'engage dans l'élaboration d'un nouveau projet peut s'appuyer sur ses ressources pour avancer, mais il vivra également des craintes ou des résistances par rapport au projet en cours. Le projet prend sa source dans l'imaginaire pour conduire la personne vers une situation différente de ce qu'elle vit présentement. Les résistances peuvent se manifester lors de l'élaboration de projet lors du passage à l'action. Selon Lecomte et Savard (2003), des réactions se produisent lorsque l'individu perçoit dans le changement une menace à la cohésion de soi. Si l'individu sent sa cohérence interne menacée, il mettra en place des mécanismes pour se protéger et pour rétablir cette cohésion. Par contre, si la cohésion de soi n'est pas menacée par le changement, l'individu démontrera de l'ouverture au changement et mettra en place des mécanismes d'autorégulation pour s'y adapter. Cette façon de percevoir souligne la pluralité des réactions face au changement et sous-tend une conception de l'individu en tension entre le maintien de sa cohésion interne et l'ouverture au changement. Il est donc possible de constater que l'individu ne met pas systématiquement en place des résistances dans le changement. Cette conception rejoint notre pratique d'accompagnement lors de l'élaboration du projet. En effet, certaines personnes voient le changement comme un stimulant leur permettant d'évoluer dans leur carrière. ELlles se sentent alors dynamisées par l'élaboration et la réalisation de leur projet. Pour d'autres, ces étapes sont synonymes d'angoisse, de stress; elles réveillent des échecs passés desquels elles sentent le besoin de se protéger. Elles peuvent donc mettre en place des mécanismes d'autoprotection tels que la fuite, la procrastination, le rejet systématique des options proposées pour empêcher, les émotions douloureuses de honte, de rejet ou d'abandon.

Par exemple, Vincent a été licencié lors d'un changement de direction, parce qu'il ne possédait pas son cinquième secondaire. Il a trouvé cette expérience très honteuse, car elle l'amenait à douter de sa valeur personnelle. Lorsqu'il se présente au bilan de compétences, Vincent met un mécanisme de fuite en place. Il dit que tous les employeurs refusent des gens qui ne possèdent pas de cinquième secondaire. Cette croyance l'amène à ne pas faire de recherche d'emploi. Il maintient ainsi sa cohésion interne en évitant ce qui l'amène de nouveau à revivre de la honte et à douter de lui-même. Nous avons donc aidé Vincent à toucher à la peine et à la honte qu'il avait vécues. Cela lui a permis d'être reconnu dans cette expérience douloureuse. En écoutant le vécu des autres, il a vu qu'il pouvait avoir une valeur sur le marché du travail, même après un congédiement. À la suite de cette prise de conscience, il s'est remis en action. D'abord, guidé par sa conseillère, il a entrepris des démarches auprès de sa commission scolaire pour passer le test d'équivalence de niveau secondaire (TENS). De plus, il a recommencé à faire de la recherche d'emploi. L'histoire de Vincent nous rappelle l'importance du counseling pour aider la personne à mieux se comprendre et à mieux conscientiser ses mécanismes d'autoprotection et leur raison d'être. L'émergence du projet et le désir de s'y engager peuvent être favorisés par la compréhension de cette ou de ces transitions. Nous pouvons ensuite amener la personne à mettre en place des stratégies d'adaptation et des mécanismes d'autorégulation plus sains. Vincent pourrait, par exemple, faire des rencontres d'information avec des employeurs pour vérifier ses perceptions du marché du travail, prendre le temps de ventiler les émotions liées à se perte d'emploi et définir, au besoin, un projet d'études pour se spécialiser et augmenter ainsi ses chances d'emploi.

Le projet et la motivation

Le projet et la motivation vont de pair, dans la mesure où le fait de se donner un projet de concevoir une situation souhaitée exige de la motivation pour cheminer vers cette situation. Pour Nuttin (1980), se donner un projet conscient avec des buts concrets dirige les actions des individus. Ainsi, se projeter dans l'avenir incite l'individu à un devenir dans lequel il doit s'investir pour réaliser son projet. Dans notre pratique du bilan de compétences, nous constatons souvent que le fait de se donner un projet stimule l'action et incite des personnes à réaliser des étapes. Cette motivation stimule l'action, même chez des personnes qui étaient éloignées du marché du travail.

Dans un marché du travail en mouvement et incertain, on peut questionner la pertinence de se donner un projet. Pour certains, cela soulève des rêves irréalisables et risque de faire vivre l'échec. Selon nous, cette instabilité ne peut être un motif valable pour ne pas identifier de projet. L'essentiel n'est pas que le projet se réalise exactement comme il avait été prévu, mais qu'il mette l'individu en mouvement vers un but. La motivation à agir en cohérence avec soi amène l'individu vers une direction porteuse de sens pour lui. Ainsi, selon les arrêts effectués en chemin, l'individu porte une attention particulière aux axes qu'il souhaite mobiliser dans son projet de vie. En tant qu'acteur de son projet, il est donc amené à saisir les opportunités qui s'offrent à lui et à varier sa trajectoire initiale au besoin.

Enfin, la notion de projet constitue un concept incontournable dans le bilan de compétences. Il renferme l'espoir d'un changement possible. Le projet permet de donner un certain sens à sa vie tout en soulevant des doutes et des mécanismes d'autoprotection qu'il importe de considérer. Très lié à la motivation, le projet pousse les individus à avancer vers une destination désirée.

Bilan de compétences et counseling individuel[62]

Comme cela est largement confirmé par plusieurs études scientifiques[63], l'établissement d'une relation de confiance optimise les chances de parvenir aux conclusions que nous avons présentées dans la partie sur les retombées d'une démarche de bilan de compétences. L'individu qui participe à une démarche de bilan de compétences doit faire confiance à sa conseillère pour accepter de cheminer; il doit aussi se sentir engagé. Cette relation peut créer l'ouverture nécessaire pour vivre le processus de conscience de soi inhérent à chacune des phases du bilan de compétences. D'ailleurs, dans les évaluations faites auprès de la clientèle, la qualité de la relation établie avec la conseillère est le commentaire le plus fréquent. Ainsi, l'établissement d'une relation de confiance et de collaboration est essentiel dans une démarche visant à se reconnaître, à valider ses compétences, ses intérêts, ses valeurs, ses aptitudes de même que les enjeux déstabilisants du changement (Lecomte et Savard, 2004).

S'il n'y a pas de consensus entourant la définition de relation de confiance, on s'entend généralement sur une de ses composantes fondamentales : l'alliance de travail (Bachelor et Horvath, 1999). L'alliance de travail, selon Bordin (1994), regroupe les caractéristiques suivantes : un lien émotionnel entre le client et le conseiller, la qualité de la participation du client et du conseiller dans les tâches de la démarche, et le degré de concordance entre le client et le conseiller quant au but du traitement. Ainsi, pour que le bilan de compétences puisse avoir les retombées escomptées, il doit permettre au conseiller d'orientation et à son client de coconstruire un lien émotionnel tout au long de la démarche[64]. Le but rappelons-le, est de faire un bilan qui permet à la personne de reconnaître explicitement ses compétences et de réaliser un projet professionnel à travers un processus de conscience réflexive de soi. Ce lien émotionnel est rendu possible, entre autres, par l'utilisation de compétences relationnelles de haut niveau telles que l'empathie, la présence, l'écoute, l'authenticité, l'autodévoilement, le respect, la confidentialité et la directionnalité. Ces compétences sont utilisées tout au long de la démarche pour accompagner, soutenir, guider et conseiller la personne.

---

62. En France on parle plutôt d'entretien de conseil.

63. On considère que l'établissement d'une relation de confiance est responsable de 25 % à 45 % de l'efficacité du processus de counseling. Voir entre autres, Asay et Lambert, 1999; Sexton *et al.*, 1997; Lambert et Bergin, 1994; Lecomte et Castonguay, 1987; Horvath et Greenberg, 1986; Horvath et Symonds, 1991; Luborsky *et al.*, 1988.

64. Une conception erronée répandue concernant l'alliance de travail est qu'on établit l'alliance au début de la démarche de counseling et que celle-ci ne fluctue pas une fois qu'elle est établie.

Bilan de compétences et intervention en petit groupe

Les membres d'un petit groupe de bilan de compétences[65] ont en commun de faire une démarche qui leur permettra d'identifier leurs compétences dans un portfolio et d'établir un projet professionnel à réaliser à court, moyen et long terme. En plus de ce but commun essentiel à la dynamique du groupe, nous suggérons un juste partage entre le contenu et la réaction à ce contenu par les membres afin de maximiser les retombées positives (Anzieu, 1996; Limoges, 1989). Autrement dit, nous suggérons d'agir sur la dynamique de groupe dans une proportion égale au contenu suggéré dans les activités. Par dynamique de groupe, nous entendons la communication entre les membres et l'intensité qu'elle suscite. Cette dynamique se déroule selon les phases d'amorce, d'établissement des normes d'autodévoilement et de rétroaction, de cohésion, de production et de dénouement (Limoges et Lahaie, 1998). Le rôle de l'animateur est de stimuler la dynamique du groupe par des interventions appropriées durant les activités.

De plus, dans le contexte particulier d'une démarche de bilan de compétences, les animateurs doivent voir à ce que les membres prennent un engagement les uns envers les autres pour favoriser la réussite de tous. Dans la pratique, nous stimulons l'entraide entre les membres par nos interventions durant les activités.

Dans le contexte organisationnel, notre expérience nous amène à privilégier les démarches individualisées aux démarches de groupe, à moins d'intervenir dans une organisation dont les valeurs laissent une réelle liberté de décision aux employés (c'est-à-dire envisager qu'un employé puisse quitter l'organisation à la suite du bilan). Dans les faits, les enjeux individuels d'une démarche de bilan de compétences peuvent aller à l'encontre des enjeux organisationnels. De même, les personnes faisant ce type de démarche font des prises de conscience qu'ils ne souhaitent pas nécessairement partager avec des personnes de leur milieu de travail, avec lesquelles ils sont ou peuvent être dans des enjeux de pouvoir. Dans un tel contexte, il est plus difficile de s'entraider « à faire un prochain pas », spécialement si cela met certains membres dans des situations délicates du type « on vise le même poste ».

---

65. Selon notre expérience, nous suggérons des groupes de 6 à 12 personnes. Ce nombre facilite la rétroaction et l'entraide entre les membres du groupe.

Par contre, les petits groupes de bilan de compétences qui ciblent une clientèle en emploi provenant de différents milieux, sont souvent très enrichissants. Les membres peuvent, par cette démarche, échanger sur les enjeux communs à leur bilan de compétences (avantages et désavantages d'un maintien en emploi ou d'une réorientation, surcharge de travail, stratégies de maintien ou d'adaptation, opportunités d'emploi, etc.). L'inconvénient majeur de ces groupes est souvent la difficulté des participants de concilier les rencontres du groupe (souvent le soir) et leur horaire de travail. Dans ce contexte, nous privilégions des groupes de quatre à huit membres, notamment pour faciliter la logistique inhérente à une démarche de groupe.

Dans notre démarche d'intervention en petit groupe, nous proposons des rencontres de counseling individuel (de une à deux par semaine). Ces dernières permettent d'approfondir le processus de conscience réflexive de soi présent dans toutes les phases du bilan. Elles offrent également un espace pour exprimer des pensées et des émotions plus difficiles à exprimer en groupe.

Les activités que nous proposons ici sont construites pour une démarche de bilan de compétences en groupe. Toutefois, les outils utilisés pour les activités de groupe peuvent être adaptés à un bilan de compétences dans le cadre d'une démarche individuelle.

Déroulement des activités du programme

Bilan de compétences et matériel

Activité 1 : Accueil

Objectifs

- Favoriser un premier contact entre les participants et les intervenants
- Préciser l'objectif de participation, expliquer la démarche, présenter l'horaire et fournir des informations techniques
- Connaître la perception des participants des avantages et des inconvénients à la suite de la présentation de la démarche en les invitant à s'exprimer tour à tour
- Établir les normes d'autodévoilement et de rétroaction du groupe

Déroulement et consignes

1. Souhaiter la bienvenue aux participants et expliquer le déroulement de la première journée. *(5 minutes)*

2. Amorcer l'activité *Les autographes* (voir p. 112) en demandant aux participants de cocher les 15[1] caractéristiques qui les décrivent le mieux parmi les 35 présentées. Chaque participante et participant fait ensuite signer les autres participants du groupe ainsi que les intervenants sur la ligne adjacente aux caractéristiques qu'ils ont en commun. Par exemple, Josée coche parmi les deux phrases suivantes, celle qui la décrit le mieux, en indiquant un X dans la case à gauche :

☒ Je suis amateur/amatrice de hockey ______________________
☐ J'ai du talent pour compter des blagues ______________________

Ensuite, elle doit trouver dans le groupe une personne qui possède cette même caractéristique et l'invite à signer sur la ligne adjacente à cette caractéristique :

☒ Je suis amateur/amatrice de hockey Théodore Lafleur
☐ J'ai du talent pour compter des blagues ______________________

Ainsi, Josée est une amatrice de Hockey tout comme Théodore, un autre participant du groupe.

3. Les participants prennent ensuite le temps d'échanger entre eux sur cette caractéristique, dans le but de faire connaissance. *(25 minutes)* Par exemple, Josée et Théodore échangent sur ce qui les intéresse dans le hockey (clubs, joueurs, etc.).

4. Inviter ensuite les participants à se présenter au groupe avec une de leurs caractéristiques en en mentionnant :
- leur nom
- le(s) domaine(s) d'emploi occupé(s)
- leur(s) objectif(s) de participation à la démarche

1. Ce chiffre varie selon le nombre de personnes présentes à l'activité.

Mettre en relief la cible commune du groupe, c'est-à-dire les objectifs communs des participants dans une démarche de bilan de compétences : faire le point sur leur histoire personnelle et professionnelle, identifier leurs compétences et déterminer un projet professionnel (pour chacun d'entre-eux)... *(35 minutes)*

5. Distribuer le matériel de soutien à la démarche. Nous suggérons de fournir un cartable à anneaux aux participants dans lequel ils ajoutent des feuilles tout au long de la démarche. Vous pouvez ou non insérer à l'avance, dans le cartable du participant, le matériel nécessaire aux activités ou encore le leur remettre au fur et à mesure.

Suggestions de matériel à fournir à l'accueil :

- L'horaire
- le schéma explicatif de la démarche *Bilan de compétences*
- Le portrait de mes ressources et limites personnelles et environnementales
- La fenêtre de Johari
- Illustration de la page couverture
- La liste des intérêts
- La liste des valeurs
- L'approche par compétence
- Les feuilles de description d'une compétence
- La rétroaction
- La différence entre une rétroaction et un jugement
- Les quatre axes du projet de vie – Goguelin
- Les facteurs de réalité

Suggestions de matériel à fournir au cours de la démarche :

- Activité de l'accueil *les Autographes*
- Cahier historique « Mes intérêts, toute une histoire »
- « Ligne de vie... courbe de mes transitions »
- Explication des phases de la transition
- Explication des « 4S » : forces et limites pour la transition
- Armoiries de mes ressources : mes 4S
- Exemples de compétences
- Identification de mes compétences
- Description de ma compétence
- Marché du travail régional (vrai ou faux)
- Jeu de cartes et fiche des valeurs
- Les thermomètres de mes sous-projets
- Mon projet d'emploi et mes solutions de rechange
- Résumé des besoins fondamentaux selon Glasser
- *Satisphère*
- Réflexion personnelle : ma *satisphère*, mes besoins
- Exemple de portfolio de Roger Bontemps
- Plan d'action
- Évaluation de la démarche

PAUSE *(15 minutes)*

6. Inviter les participants à s'exprimer sur le sens qu'ils accordent au terme *bilan*. Présenter la démarche de bilan de compétences à l'aide d'un document visuel intitulé *Schéma explicatif de la démarche Bilan de compétences.* Effectuer des liens avec les éléments exprimés précédemment par les participants et la théorie sous-jacente au bilan de compétences. Faire ressortir les principaux thèmes abordés dans chacune des phases tel qu'illustré sur le schéma du modèle.

- Pour la phase de rétrospective : **intérêts** (histoire de ses intérêts), **valeurs, besoins, compétences** (identification de ses compétences)
- Pour la phase de prospective, c'est le **projet** qui est en évidence
- Pour la réalisation, c'est le **plan d'action** qui ressort

La transition se retrouve au centre du modèle pour illustrer que ce processus est omniprésent dans la démarche et que les participants seront accompagnés dans celle-ci.

À la fin de cette partie, remettre le « Portrait de mes ressources et limites environnementales ». Préciser que ce portrait est une synthèse des différentes ressources et limites personnelles et environnementales qui seront abordées durant la démarche. Ce portrait leur permet d'identifier un projet professionnel actualisant. Il leur permet d'organiser leur prise de conscience et de suivre le processus de conscience réflexive de soi en lien avec la tâche d'identifier un projet professionnel. Nous utilisons l'analogie du portrait car il représente une image de soi à un moment charnière de la vie. Préciser aux participants qu'ils seront invités à compléter ce portrait tout au long de la démarche, selon le cas, lors des activités, lors de rencontres de counseling ou lors des leurs réflexions personnelles.

7. Présenter l'horaire en détaillant chacune des activités du programme. Souligner que le programme comporte trois phases : la phase de rétrospective, la phase de prospective et la phase de réalisation. Préciser qu'à chacune de ces phases, ils seront amenés, selon les différents thèmes abordés (exemple : intérêts, valeurs, compétences, etc.) à explorer, comprendre et agir en fonction de cette compréhension de soi. Ensuite, énumérer les activités relatives à chacune des phases, en précisant que les demi-journées de travail personnel sont consacrées à terminer ce qui a été amorcé. *(10 minutes)*

8. Demander aux participants d'identifier les avantages et les inconvénients qu'ils ont perçus lors de la présentation de la démarche de bilan de compétences. Ajouter au besoin les avantages et inconvénients suivants :

- **Avantages**
  - faire le point avant l'action, mieux cibler le projet professionnel
  - se réapproprier ses compétences
  - diagnostiquer ce qui bloque l'action et le régler
  - briser l'isolement
  - s'entraider et se soutenir

- **Inconvénients**
  - La démarche du bilan s'étend sur quatre semaines. Cela exige du temps, alors que les participants peuvent se sentir pressés de retrouver un emploi et anxieux du temps à investir dans la démarche
  - La confrontation possible et les exigences de la démarche, telles que le fait d'intégrer un groupe, de respecter l'horaire.
  - Le fait d'effectuer un retour dans le passé peut amener à considérer des aspects de soi qu'on préférerait ignorer, etc. *(25 minutes)*

9. Établir les normes d'autodévoilement et de rétroaction à partir de la présentation des principes tirés de La fenêtre de Johari, qui permettent de saisir les principaux enjeux de la communication interpersonnelle. Expliquer les normes sont instaurées afin de favoriser l'autodévoilement des participants, le bon fonctionnement en groupe et l'atteinte des objectifs de la démarche. Il importe que la norme de confidentialité soit ajoutée, si les participants ne la mentionnent pas. De plus, le consensus doit être établi entre les participants pour que chacun s'engage à respecter les normes identifiées. Préciser aux participants que ces normes sont dynamiques autrement dit; qu'elles évoluent tout au long de la démarche en groupe et qu'elles seront révisées lors d'une activité qui se déroulera à la fin de la première semaine.
(20 minutes)

10. Inviter les participants à exprimer leurs impressions après cette première activité, à confier comment ils ont vécu leur première journée. Leur demander d'apporter leur curriculum vitæ pour l'activité suivante (Historique). Inviter les participants à se familiariser avec le centre de documentation[2] pendant cette semaine. *(15 minutes)*

Matériel

Les autographes

Schéma explicatif de la démarche de bilan de compétences

Portrait de mes ressources et limites personnelles et environnementales

Horaires des animations

La fenêtre de Johari

2. Un centre de documentation ou tout autre endroit où l'information scolaire et professionnelle est à leur disposition.

Les autographes

Parmi les caractéristiques suivantes, identifiez les 15 qui vous décrivent le mieux, en mettant un *X* dans la case de gauche. Ensuite, pour chacune des caractéristiques, vous devez trouver, en échangeant avec les autres membres du groupe, une personne qui partage une de vos caractéristiques et demandez-lui son autographe. Enfin, échangez à partir de cette caractéristique, dans le but de faire connaissance.

- ☐ Je suis amateur de hockey ______________________
- ☐ J'ai du talent pour raconter des blagues ______________________
- ☐ J'ai des enfants et j'en suis très fier ______________________
- ☐ Les arts m'attirent beaucoup ______________________
- ☐ J'ai une passion pour l'informatique ______________________
- ☐ J'aime beaucoup voyager ______________________
- ☐ Je pratique un sport de façon régulière ______________________
- ☐ Je suis cinéphile ______________________
- ☐ J'ai déjà eu une crevaison sans avoir de roue de secours ______________________
- ☐ Je ne suis pas superstitieux, mais je n'aime pas passer sous une échelle ni croiser un chat noir, un vendredi 13 ______________________
- ☐ Je suis un as de la cuisine ______________________
- ☐ J'ai de l'expérience en rénovation ______________________
- ☐ J'aurais aimé vivre dans un autre pays ______________________
- ☐ Je m'intéresse aux médecines douces ______________________
- ☐ J'ai déménagé aussi souvent qu'un commis-voyageur ______________________
- ☐ J'aime écrire ______________________

- [ ] Ça me stresse d'être ici ce matin ____________________
- [ ] J'ai besoin de lunettes pour lire ____________________
- [ ] Je joue d'un instrument de musique ____________________
- [ ] J'ai le sens de l'organisation ____________________
- [ ] J'aime jardiner et m'occuper des plantes ____________________
- [ ] Je possède des pantoufles que ma grand-mère a tricotées ____________________
- [ ] Je préfère travailler en équipe ____________________
- [ ] J'aimerais avoir un rôle dans une comédie ____________________
- [ ] J'ai peur des chiens ____________________
- [ ] En général, mon taux d'adrénaline est élevé ____________________
- [ ] Je suis une personne créative ____________________
- [ ] Mon deuxième nom est « Gaston la Gaffe » ____________________
- [ ] J'ai des problèmes avec ma belle-mère ____________________
- [ ] Je lis toujours avant de m'endormir ____________________
- [ ] Je n'ai pas peur de défendre mes idées ____________________
- [ ] Je rougis facilement ____________________
- [ ] Je fais régulièrement des « voyages sur la lune » ____________________
- [ ] La spiritualité occupe une place importante dans ma vie ____________________
- [ ] J'aime les bandes dessinées ____________________
- [ ] Je ronfle et ça ne me dérange pas ____________________

Schéma explicatif de la démarche
Bilan de compétences

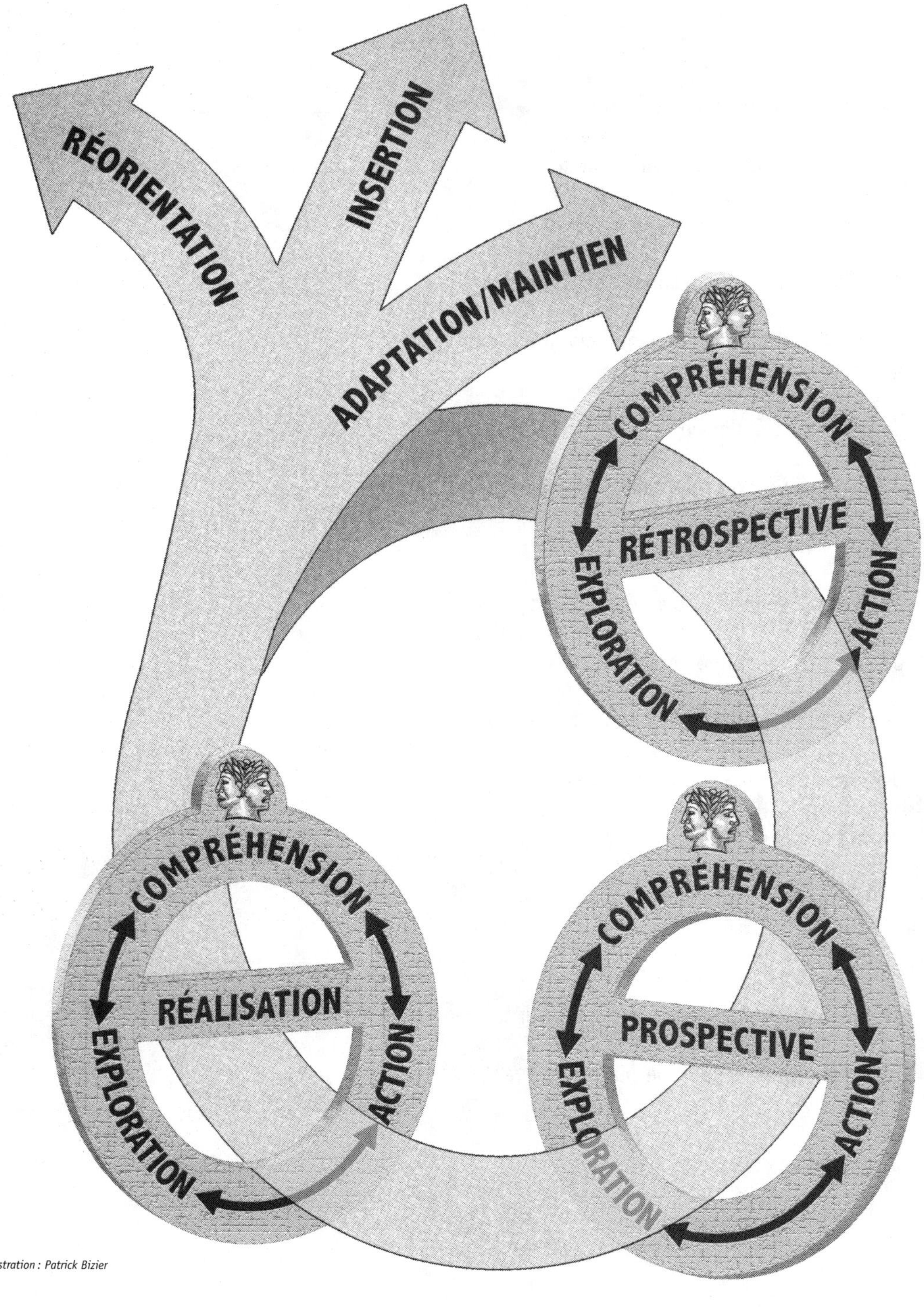

Illustration : Patrick Bizier

Portrait de mes ressources et limites personnelles et environnementales

Mes compétences

Mes traits de personnalité

Mes aptitudes

Mes exigences face à l'emploi/ce que je veux essentiellement retrouver dans un travail

Est-ce que j'ai identifié un projet professionnel? Si oui, lequel?

Est-ce que j'ai des compromis à faire? Si oui, lesquels?

Mes valeurs
Ce qui est important pour moi

Mes croyances

Mes intérêts/Ce que j'aime

Mes « non-intérêts »/Ce que je n'aime pas

Ressources et limites de l'environnement : familial, social, physique

Ressources (forces)

Limites et restrictions (faiblesses)

Horaire des animations

De : 9 h à 12 h ***Début du programme :*** ______________________

De : 13 h à 16 h ***Fin du programme :*** ______________________

Les informations en caractères gras indiquent des activités de groupe.

		LUNDI	MARDI	MERCREDI	JEUDI	VENDREDI
RÉTROSPECTIVE	Semaine 1	**Accueil**	**Historique**	**Transitions**	**Mes compétences**	**Mes compétences (suite) Retour sur la semaine**
RÉTROSPECTIVE	Semaine 1		**Test de personnalité de Gordon**	Rencontre individuelle *(Transition)*[3]	Rencontre individuelle *(Compétences)*	**Visite du centre de documentation**
RÉTROSPECTIVE	Semaine 2	**Mes valeurs**	**Mes besoins**	**Rédaction du portfolio**	**Portrait synthèse**	**Synthèse et entraide**
RÉTROSPECTIVE	Semaine 2	*(Compétences, valeurs)*	Rencontre individuelle *(Rédaction)*	Rencontre individuelle *(Rédaction)*	*(Rédaction du portfolio)*	*(Rédaction du portfolio)*
PROSPECTIVE	Semaine 3	**Mon idéal d'emploi**	**Exploration professionnelle**	Rencontre individuelle *(Exploration)*	**Amorce de mon projet**	*(Exploration)*
PROSPECTIVE	Semaine 3	*Date limite de remise du portfolio*	**Exploration**	**Exploration**	Rencontre individuelle *(Exploration)*	*(Exploration)*
RÉALISATION	Semaine 4	**Présentation de mon projet**	**Les clés de ma réussite et mon plan d'action**	Rencontre individuelle		
RÉALISATION	Semaine 4	**Suite de l'activité du matin et remise des portfolios corrigés**	Rencontre individuelle	**Évaluation Clôture**		

Suivi du plan d'action : un mois plus tard de 19 h à 21 h

3. Les mots italiques sont des périodes de travail individuel. Nous vous suggérons profiter de ces périodes pour compléter les activités ou faire de l'exploration professionnelle.

La fenêtre de Johari

DE JOSEPH LUFT ET INGHAM HARRIS

	Connu de soi	Inconnu de soi
Connu des autres	L'AIRE OUVERTE	L'AIRE AVEUGLE
Inconnu des autres	L'AIRE SECRÈTE	L'AIRE INCONSCIENTE

Principes essentiels de la communication à partir de la fenêtre de Johari

La fenêtre de Johari est une représentation de la communication et de l'interaction entre deux personnes. C'est un outil très utile pour mieux comprendre notre façon de communiquer.

Chacune des quatre parties de la fenêtre représente une dimension différente de soi.

La communication ouverte peut amener à prendre conscience d'éléments que la personne ignore d'elle-même et ainsi contribuer à une plus grande connaissance personnelle. Tout changement dans une aire de la fenêtre affecte les autres aires.

La confiance mutuelle augmente les prises de conscience et favorise l'accomplissement de la tâche

Respecter l'ouverture de l'autre à communiquer est plus efficace.

Être sensible signifie « prendre en considération les aires aveugle, secrète, inconsciente d'une part, et, d'autre part, respecter les mécanismes d'autoprotection des autres ».

Le système de valeurs des membres et du groupe se révèle par la façon d'affronter les inconnus de ce groupe.

Phase de RÉTROSPECTIVE

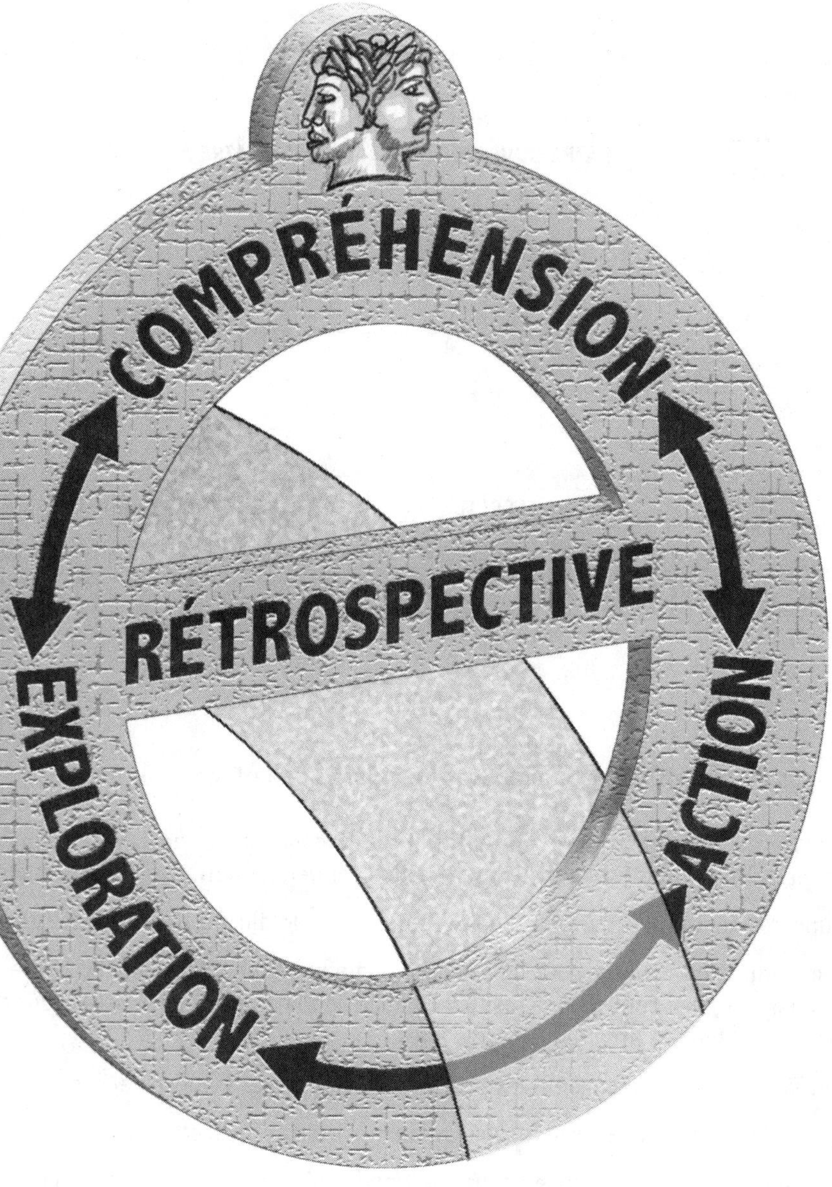

Illustration : Patrick Bizier

Phase de RÉTROSPECTIVE

Activité 2 : Historique

Objectifs

- Regrouper l'ensemble de ses expériences professionnelles et personnelles (emplois, formations et expériences connexes) et les analyser en termes d'intérêts et de non-intérêts
- Dégager des constats (continuités, ruptures, répétitions de scénario, intérêts développés par croissance ou par adaptation, etc.) à partir de l'analyse des intérêts et des non-intérêts
- Prendre conscience de sa perception par rapport à son histoire professionnelle

Compétences à s'orienter[4]

- Accroître sa capacité à explorer et à comprendre le sens de son cheminement, notamment celui des intérêts[5] développés à travers son histoire

Déroulement

1. Commencer l'activité avec la projection de l'illustration de la page 121 et demander aux participants d'exprimer ce que l'image leur inspire. Établir un lien entre cette image et les buts de l'activité. Situer l'activité « Historique » dans l'ensemble de la démarche et dans le déroulement de la semaine. Préciser que cette activité sert d'amorce à la phase de rétrospective et que, même si cet exercice semble technique, il les amènera à revisiter leur histoire et suscitera probablement des émotions, agréables ou difficiles. En somme, cette activité entraîne une exploration et une compréhension de ses intérêts. *(15 minutes)*

2. Demander aux participants de décrire leur conception du mot *intérêt*. Lire ensuite cette définition :

« Un intérêt[6], c'est ce qui me pousse vers quelque chose, un penchant, un goût marqué pour un genre d'activité. C'est ce qui me plaît, ce qui m'attire, c'est une préférence ressentie. Un intérêt me procure des sensations (une excitation), me guide vers une direction et concentre mon attention. Mes intérêts se sont développés tout au long des expériences personnelles et professionnelles que j'ai vécues. *(10 minutes)*

---

4. Pour chacune des activités, en plus d'indiquer le but immédiat à atteindre, nous précisons les ressources sollicitées pour le développement d'une compétence à s'orienter. La compétence à s'orienter est la capacité (savoir-agir) qu'un individu a de mobiliser ses ressources personnelles et environnementales afin de résoudre ses problèmes d'orientation tout au long de sa vie (Michaud, 2005). Autrement dit, l'individu doit se préoccuper de ses compétences non seulement pour prendre une décision liée à son orientation ou à sa réorientation, mais pour se maintenir en emploi.

5. Selon son cheminement personnel ou ses prises de conscience antérieures, chaque participant pourra également amorcer une exploration et une compréhension de ses valeurs. Certains commenceront à départager les tensions et les satisfactions vécues dans leur environnement professionnel, scolaire ou familial, pour parvenir à mieux les comprendre.

6. Cette définition est une vulgarisation des définitions combinées de Dewey (1990) et Botteman (2005).

3. Présenter le cahier historique[7] « Mes intérêts, toute une histoire » et donner les consignes afin que les participants puissent réaliser l'activité. Pour chacune des périodes d'âge, demander d'identifier les intérêts et les non-intérêts vécus dans la famille, dans les activités sociales ou de loisirs, dans le travail et dans la formation scolaire. *(75 minutes)*

PAUSE *(15 minutes)*

4. Inviter les participants à écrire les constats qu'ils ont faits en rédigeant leur histoire personnelle. Leur demander de se jumeler à un autre participant afin de partager leurs constats personnels. Finalement, proposer à chacun d'en témoigner devant le groupe. *(25 minutes)*

5. Amener les participants à faire une analogie en précisant son utilité dans la compréhension de leur histoire professionnelle. L'analogie « consiste à se servir d'images ou de symboles pour décrire de façon vivante et spontanée un thème ou une situation » (Limoges et Lahaie, 1998, p. 9). Encourager leur spontanéité en mentionnant l'importance de ne pas porter de jugement sur le type d'image qui peut se présenter à leur esprit. L'image peut faire émerger des peurs et des craintes ou d'autres émotions (peine, colère, joie, etc.) en lien avec leurs expériences sur le marché du travail. Commencer avec la phrase suivante :

   « Aujourd'hui, le ______________________________ (date), je perçois mon histoire professionnelle comme (image)...

   Voici des exemples fréquemment mentionnés par les participants : une jungle, des montagnes russes, un trou noir, une belle rivière.

   Demander aux participants d'échanger sur le sens qu'ils accordent à l'analogie qu'ils font avec leur histoire. Les intervenants doivent alors être attentifs aux émotions, aux pensées et aux croyances que suscite cette prise de conscience en image. Les participants sont régulièrement surpris par l'intensité de leur image. Cette analogie avec leur vie peut être approfondie dans le cadre de la rencontre individuelle hebdomadaire. *(30 minutes)*

6. Clore l'activité en invitant les participantes et participants à s'exprimer sur ce qu'ils retiennent de l'activité « Historique ». Présenter la feuille d'exercice « Mon portrait professionnel ». Leur demander d'inscrire 10 principaux intérêts et non-intérêts dans leur portrait professionnel. Pour s'aider à terminer la liste déjà élaborée dans leur histoire, les participants peuvent utiliser celle des intérêts située dans leur reliure à anneaux. *(10 minutes)*

Matériel

Cahier historique
Mes intérêts, toute une histoire

7. Le cahier historique doit être présenté sous forme d'un cahier.

Cahier historique

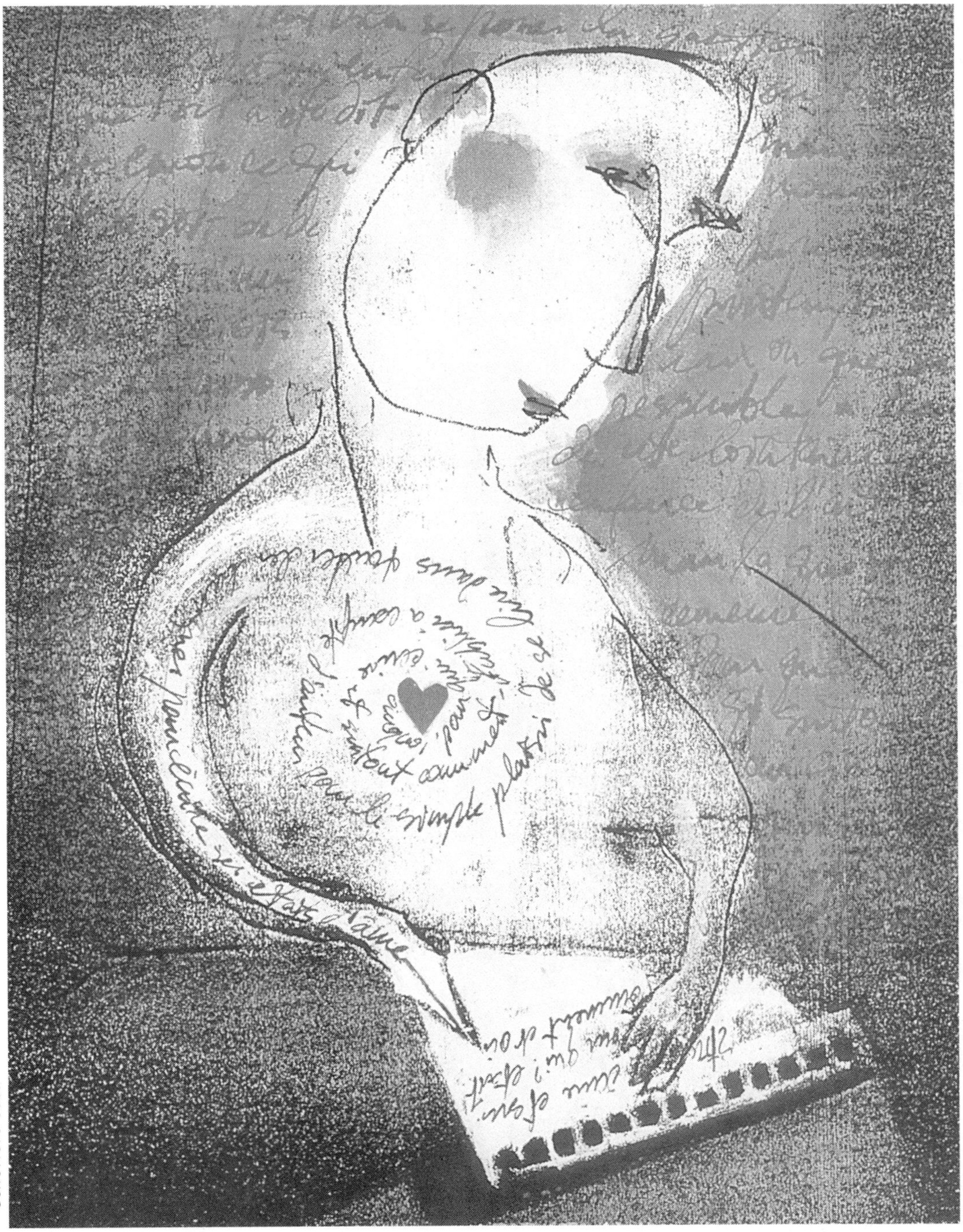

Mes intérêts, toute une histoire...

Un intérêt, c'est ce qui nous pousse vers quelque chose, un penchant, un goût marqué pour un genre d'activités. C'est ce qui nous plaît, ce qui nous attire, c'est une préférence ressentie.

Un intérêt procure des sensations (de l'excitation), guide vers une direction et concentre l'attention. Il agit comme un agent de motivation. L'intérêt implique toujours une activité. Il est vécu et ressenti à travers celle-ci. Les intérêts se développent donc par les diverses expériences professionnelles et personnelles que vit un individu.

L'identification des intérêts que vous avez développés au cours de votre histoire de vie est une étape très importante. Elle permet de mieux comprendre les intérêts que vous avez développés pour croître et ceux que vous avez développés afin de vous adapter à votre milieu. Nous vous amenons ainsi à revisiter cette histoire afin d'identifier les intérêts qui sont les plus significatifs pour vous.

Nom : ____________________________

Exemples d'intérêts

Activités sociales	Extérieures, intérieures Tâches En équipe, individuelle Action, réflexion
Famille	Activités, sorties Conditions Atmosphère Responsabilités Relation avec enfants et conjoint
École – formation	Cours (matière) Enseignants, formateurs Milieu Activités scolaires et extrascolaires Conditions (devoirs, stages, etc.)
Travail	Tâches Responsabilités Conditions (salaire, congés, horaire, déplacements, travail individuel ou en équipe, etc.) Collègues Employeurs Milieu, environnement Outils Problèmes personnels vécus au travail (santé physique, psychologique, argent)

Enfance (4-11 ans)

	J'AIME	JE N'AIME PAS	POURQUOI
Activités sociales (loisirs, amis)			
Famille			
École			
Constats			

Adolescence (12-17 ans)

	J'AIME	JE N'AIME PAS	POURQUOI
Activités sociales			
Famille			
École			
Constats			

FICHE REPRODUCTIBLE

Jeune adulte (18-25 ans)

	J'AIME	JE N'AIME PAS	POURQUOI
Travail			
Famille			
Formation			
Activités sociales			
Constats			

Adulte (26-40 ans)

	J'AIME	JE N'AIME PAS	POURQUOI
Travail			
Famille			
Formation			
Activités sociales			
Constats			

Adulte (40 ans et plus)

	J'AIME	JE N'AIME PAS	POURQUOI
Travail			
Famille			
Formation			
Activités sociales			
Constats			

Feuille synthèse
Mes intérêts et mes « non-intérêts »

Quels intérêts ai-je maintenus dans le temps?	Pourquoi?
Quels intérêts ai-je mis de côté?	Pourquoi?
Quels non-intérêts ai-je maintenus dans le temps?	Pourquoi?
Mes principaux intérêts sont :	Pourquoi?
Mes principaux « non-intérêts » sont :	Pourquoi?

À la lumière de l'histoire développementale de mes intérêts, quels sont les constats que je peux dégager?

ANALOGIE

Aujourd'hui, le ______________________ (date), je perçois mon histoire professionnelle comme...

Activité 3 : Test de personnalité de Gordon[8]

Objectifs

- À l'aide d'un test de personnalité, identifier les caractéristiques actuelles de sa personnalité;
- Utiliser les résultats de ce test pour accroître sa compréhension de soi-même.

Compétences à s'orienter

- Développer sa capacité à explorer et à comprendre des éléments de sa personnalité à partir d'une rétroaction externe.

Déroulement et consignes

1. Préciser le but de ce test dans une démarche de bilan de compétences. Expliquer que les résultats seront utilisés en complémentarité avec les informations recueillies dans les autres activités du programme et qu'ils représentent une rétroaction objective à un moment précis de leur vie. *(20 minutes)*

2. Administrer le test en suivant les consignes indiquées et normalisées pour cet instrument, et répondre aux questions au besoin. *(60 minutes)*

3. Corriger et interpréter les résultats des tests. *(100 minutes)*

4. Remettre les résultats à chacun lors d'une rencontre individuelle.

---

8. • Les explications relatives aux échelles du test de personnalité Gordon sont transmises aux participants à l'activité « Valeurs ». De même, l'interprétation est réalisée avec chaque participant, lors de la deuxième rencontre individuelle du programme. C'est à ce moment que chacun identifie les caractéristiques de sa personnalité.
   • Dans le cadre de la démarche de bilan de compétences au COREE, c'est le test Gordon qui est utilisé. Cependant, d'autres tests de personnalité permettent d'atteindre les objectifs de cette activité.
   • Pour cette activité, le matériel est protégé par des droits d'auteur. On peut se procurer cet instrument, ainsi que le manuel du test, en écrivant à l'Institut de recherches psychologiques, 34, rue Fleury Ouest, Montréal (Québec) H3L 1S9.

Activité 4 : Transition

Objectifs

- Prendre conscience des différentes dimensions touchées par le changement
- Comprendre les transitions personnelles et professionnelles à partir de modèles explicatifs du processus de transition
- Prendre conscience de sa manière de vivre les transitions, de ses ressources et de ses limites personnelles et environnementales

Compétences à s'orienter

- Développer sa capacité à explorer et à comprendre les transitions qu'elles soient actuelles ou passées et leurs impacts sur son vécu (émotions, pensées, comportements, manifestations physiologiques, etc.)
- Développer sa capacité à identifier ses ressources et ses limites personnelles et environnementales pendant une période de transition

Déroulement et consignes

1. Présenter une définition de la transition

Schlossberg *et al.* (1995) proposent celle-ci : « La transition est globalement un événement ou un non-événement de toute nature, qui occasionne un changement dans les relations, les routines, les attentes ou les rôles. » (p. 27, traduction libre).

2. Demander aux participants de nommer ce qu'une transition peut faire vivre (émotions, pensés, etc.). *(15 minutes)*

3. Distribuer la feuille Ligne de vie... courbe de mes transitions.

Inviter les participants à identifier des événements ou des faits significatifs de leur vie personnelle et professionnelle en plaçant un point sur la ligne correspondant à l'âge où ils se sont produits. Mentionner qu'ils peuvent également écrire quelques mots afin de préciser l'événement en question. Ensuite, faire relier les points entre eux pour tracer la courbe de transition de leur vie personnelle et professionnelle.

Lorsque la courbe est complétée, demander aux participants d'écrire ce qu'ils constatent globalement sur leur courbe de transitions. Quels sont leurs principaux constats? Quels évènements ou non-évènements personnels et professionnels ont déclenché une transition? Est-ce que les transitions sont choisies ou subies? Voient-ils des liens entre les transitions et les âges où elles se sont produuites (vingtaine, trentaine etc.). Suggérer l'identification de forces, de ressources et de limites qui ont aidé ou nui aux transitions. *(45 minutes)*

4. Demander aux participants de partager en grand groupe les constats effectués à partir de leur ligne de vie. *(15 minutes)*

PAUSE *(15 minutes)*

5. Faire circuler la feuille explicative Transition, basée sur le modèle de Bridges (1980) adaptée par Roberge (1998). Cette partie de l'activité sert à mieux comprendre la transition actuelle en se basant sur ce modèle. Demander aux participants quelle saison de cette approche reflète le mieux ce qu'ils vivent dans la transition actuelle. *(30 minutes)*

6. Inviter à faire une mise en commun des principales ressources et limites identifiées, en lien avec les quatre catégories des 4S : Situation, Soi, Soutien, Stratégies. Projeter le document visuel *Mes 4S* et établir des liens avec les ressources et les limites qui ont été mentionnées par les participants. Mentionner que ces 4S sont des catégories qui peuvent faciliter l'identification des ressources et des limites d'une personne dans son contexte de transition. *(20 minutes)*

7. À l'aide de la fiche *Les armoiries de mes ressources*, demander aux participants d'écrire ou de dessiner leurs ressources. Si le temps le permet, suggérer la présentation des armoiries de chacun aux autres membres du groupe. *(30 minutes)*

8. Inviter les personnes à donner leur compréhension de la transition, à la suite de cette activité. Leur rappeler de poursuivre la description de leur portrait professionnel en ajoutant les ressources et limites identifiées lors de cette activité. *(10 minutes)*

Matériel

- **Ligne de vie... courbe de mes transitions**
- **Phases de la transition** (résumé de Bridges (1980) et Roberge (1998))
- **Mes 4S : Ressources et limites**
- **Les armoiries de mes ressources**

Ligne de vie... courbe de mes transitions

Consignes pour réaliser ta ligne de vie

1re ÉTAPE

La transition que vous vivez, ainsi que celles passées, sont la plupart du temps en lien avec des évènements ou non-évènements qui ont été significatifs pour chacun de vous.

Dans un premier temps, identifiez ces évènements en plaçant un point sur la ligne correspondant au groupe d'âge durant lequel ils se sont produits. Tu peux également écrire quelques mots afin de préciser l'événement ou le non-évènement en question.

2e ÉTAPE

Relie maintenant chacun des points touchant tes transitions personnelles et professionnelles pour former une courbe.

3e ÉTAPE

En regardant l'ensemble des transitions, quels liens ou constats peux-tu faire? Quels évènements ou non-évènements personnels et professionnels ont déclenché une transition? Vois-tu des liens entre les transitions et les moments de la vie (vingtaine, trentaine, etc.). Essaie d'identifier les ressources qui t'ont aidé à bien traverser ces transitions et les limites liées à celles-ci.

Tente de déterminer l'élément interne (attitude, comportement, etc.) ou externe (patron, amie, famille, conjoint) déclencheur de ces évènements ou non-évènements. Est-ce que ces transitions sont plutôt choisies ou subies?

4e ÉTAPE

D'après les résultats de cette activité, comment perçois-tu cette transition?

Ligne de vie

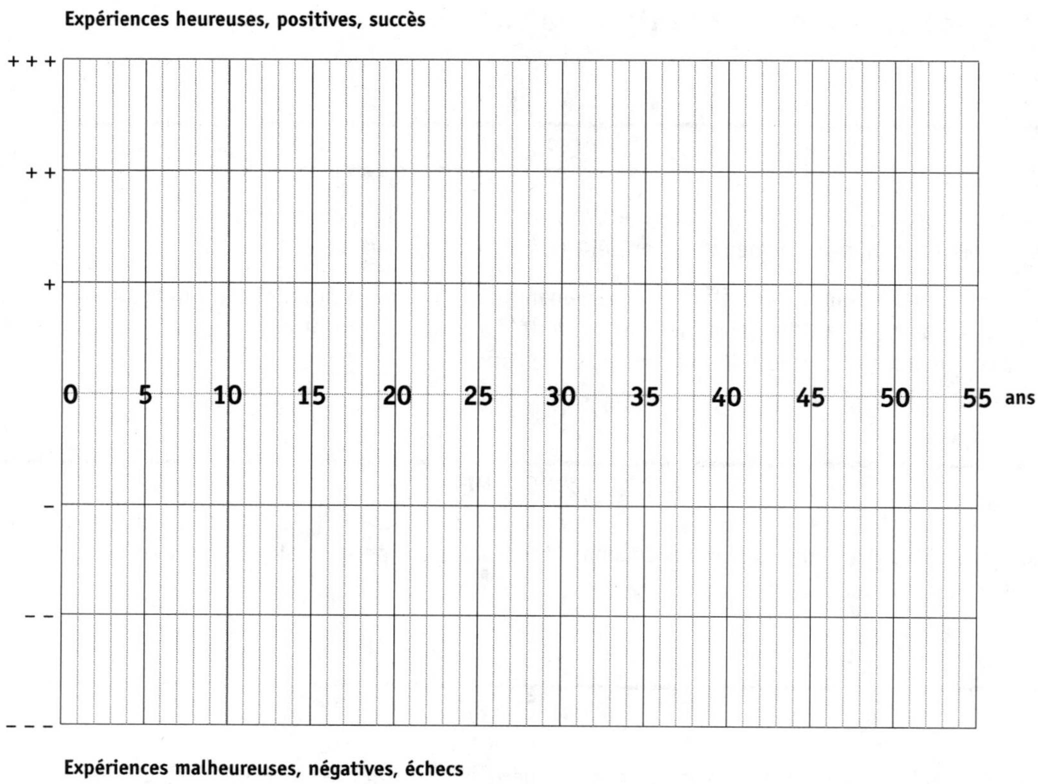
Expériences heureuses, positives, succès
+ + +
+ +
+
0
5
10
15
20
25
30
35
40
45
50
55
ans
–
– –
– – –
Expériences malheureuses, négatives, échecs

Phases de la transition

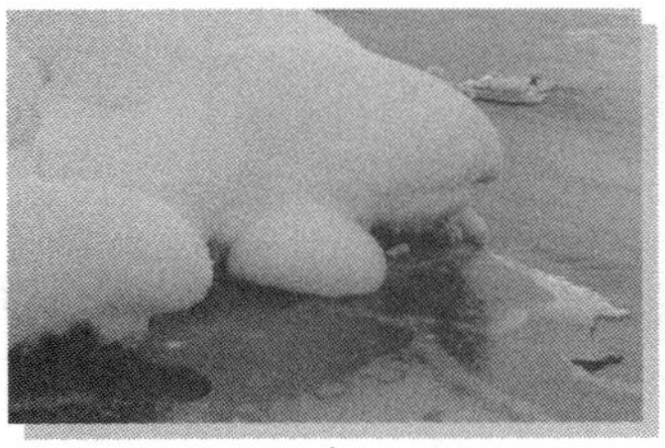

L'ACHÈVEMENT (AUTOMNE)	L'ESSENTIELLE ERRANCE (HIVER)	LE RECOMMENCEMENT, LA CRÉATION (PRINTEMPS)
• Sentiment de perte, de rupture, de fin • Nettoyage pour faire place à la nouveauté • Possibilité que d'autres transitions non complétées resurgissent • Difficulté à se définir, confusion, remise en question des repères actuels • Désengagement, « désidentification », désorientation, désenchantement	• Période de flottement, de flou, de vide et d'improductivité apparente • Période d'introspection, de découverte de soi et d'ouverture sur le monde • Moment où de nouvelles habitudes commencent à prendre forme • Moment d'énergie pure et de créativité	• Amorce du renouveau • Période d'espoir • Alternance de périodes de joie et d'angoisse (insécurité) • Passage à l'action
Important	**Important**	**Important**
• Se réapproprier son passé, ses acquis, ses compétences, son bagage personnel et professionnel • Se donner le droit de vivre la perte	• Habiter le vide et se laisser guider vers la découverte de ses désirs intérieurs • Tolérer l'inaction apparente sans chercher à combler le vide • Créer l'ouverture, faire confiance	• Être attentif à la résurgence des vieux schémas cognitifs • Oser, planifier et avancer • Tracer sa route avec souplesse

(Adapté de Bridges (1980) et Roberge (1998))

Mes 4S : Ressources et limites

SITUATION	SOI
• Élément déclencheur • Moment • Contrôle • Changement de rôle • Durée • Expérience passée avec la même transition • Transitions simultanées • Évaluation	• Caractéristiques personnelles et démographiques 1. Genre 2. Statut économique 3. Âge 4. Santé • Ressources psychologiques 1. Développement personnel 2. Optimisme, négativisme 3. Sentiment d'efficacité personnelle 4. Buts, valeurs
SOUTIEN	**STRATÉGIES**
• Intime (conjoint) • Familial • Amitié • Communautaire ou sociétal (organismes, gouvernement, divers intervenants)	• Modifier la situation • Contrôler la situation • Mieux vivre avec le stress

Les armoiries de mes ressources

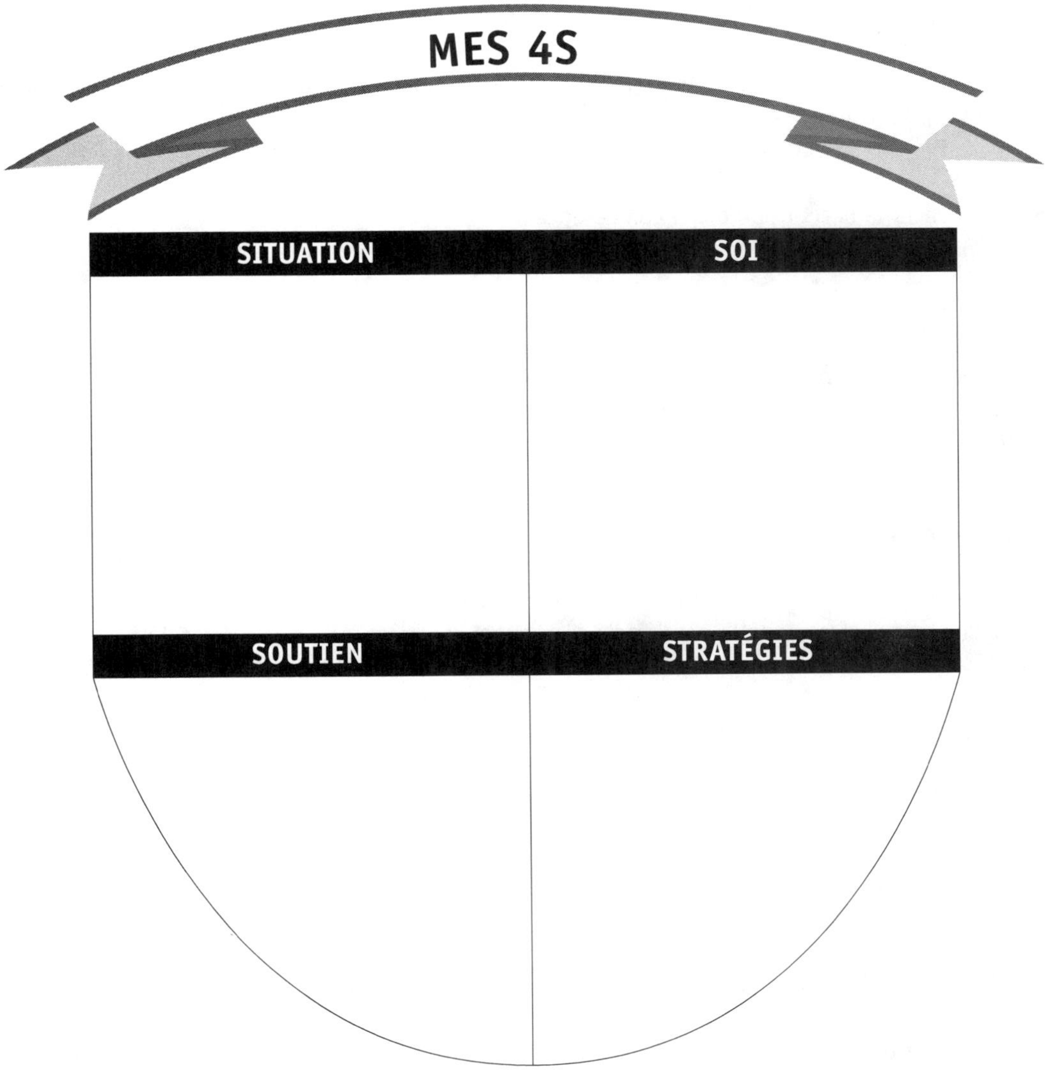

Nom : ______________________________

Activité 5 : Mes compétences

Objectifs

- Comprendre le concept de compétence et son importance pour l'insertion professionnelle ainsi que pour la démarche[9]
- Identifier de deux à cinq compétences à partir de ses expériences personnelles et professionnelles
- Commencer la description d'une compétence

Compétences à s'orienter

- Développer sa capacité à identifier ses compétences
- Identifier les ressources spécifiques mobilisées dans ses compétences
- Développer sa capacité à faire valoir ses compétences

Déroulement

1. Présenter les buts de l'activité et l'utilité de cibler ses compétences dans un contexte de transition professionnelle. Cette activité permet, entre autres, d'aller au-delà des titres des postes occupés pour dégager et définir les compétences. De cette façon, la personne comprend mieux les compétences qu'elle a développées au fil de ses expériences professionnelles et personnelles, sur lesquelles elle peut s'appuyer pour élaborer des projets. *(10 minutes)*

2. Inviter les personnes à émettre leurs idées et à associer des mots au thème de la compétence. *(10 minutes)*

3. Présenter la définition de ce qu'est la compétence. Utiliser le document visuel *Compétence.* *(20 minutes)*

4. Réaliser les étapes du processus d'identification des compétences[10] :

a) Distribuer la liste Exemples de compétences[11]. Demander aux personnes de souligner toutes les compétences qu'elles croient avoir développées tout au long de leur carrière. Au besoin, ajouter de nouveaux exemples à la liste proposée. Pour cette première étape, préciser aux participants qu'ils n'ont pas à évaluer le niveau de maîtrise de leurs compétences.

---

9. Le concept de compétence est complexe à comprendre. La première compréhension des participants et participantes est souvent partielle. À partir de cette activité, il est important de soutenir l'intégration graduelle du concept de compétences à travers l'ensemble des activités, incluant les rencontres individuelles.

10. Les projections visuelles et des exemples d'application facilitent grandement la compréhension de ces étapes.

11. Ces exemples font référence autant au marché du travail qu'au monde scolaire. Cette liste n'est pas exhaustive, elle représente plutôt les principales compétences identifiées au cours des années par la clientèle du COREE.

b) Répartir l'ensemble des compétences soulignées selon leur niveau de maîtrise, à l'aide de la légende au bas de la feuille d'activité Identification des compétences. Les niveaux y sont représentés par des cercles de tailles différentes. Les grands cercles constituent de très fortes compétences, donc des atouts. Les cercles de taille moyenne sont associés à des compétences acceptables, pour lesquelles le participant sait exécuter les tâches sans être complètement autonome dans leur réalisation. Les cercles de petite taille réfèrent à des compétences émergentes, ce qui laisse supposer que la personne aura besoin d'investir du temps en formation ou en expérimentation afin d'augmenter son niveau de maîtrise.

c) Les compétences inscrites dans les grands cercles, dans la partie supérieure de la feuille d'exercice Identification des compétences, constituent de deux à cinq compétences développées au cours d'expériences professionnelles et personnelles. Demander aux personnes de les transcrire dans les ellipses situées en dehors du rectangle, dans la partie inférieure de la feuille.

d) Associer, s'il y a lieu, les cercles non retenus (les cercles de taille moyenne et de petite taille) ayant un lien significatif avec les compétences principales. Cette étape peut permettre aux personnes de faire des liens ou d'appuyer des compétences fortes avec des compétences en émergence.

e) À l'aide du document *Description de ma compétence*, procéder à la description du savoir-agir en lien avec les compétences identifiées[12]. La description du savoir-agir est simplifiée si vous dites aux personnes que cette partie correspond à la description de leurs tâches ou de leur savoir-faire dans les différents postes occupés. Théoriquement, le savoir-agir inclut l'ensemble des ressources mobilisées pour exécuter ces tâches, ce qui explique les flèches liées entre les valeurs, les qualités, les connaissances, les intérêts, l'environnement et cette description de tâches. Cette dernière correspond souvent à l'aspect observable de leur savoir-agir. Il est bon de souligner qu'un même emploi peut avoir permis de développer plusieurs compétences différentes. On utilise les monographies professionnelles du système REPÈRES pour décrire les tâches. Cela facilite l'identification des différentes composantes de la compétence. Le soutien individuel est primordial à cette étape, à cause de la complexité du concept de compétence et de la nécessaire considération du rapport à l'écrit de chaque personne[13]. Étant donné la part importante du travail individuel de cette activité, inviter les personnes à prendre une pause lorsqu'elles en ressentent le besoin. *(125 minutes)*

5. Clore l'activité en proposant à chacun de présenter ses compétences devant le groupe. L'objectif de cet exposé est de développer sa capacité à faire valoir ses compétences publiquement, comme c'est le cas sur le marché du travail. Inviter les participants à poursuivre individuellement leurs descriptions de compétences. S'informer sur l'état dans lequel ils repartent à la suite de cette activité, les soutenir et les encourager à s'entraider pour finaliser leur travail de rédaction. Informer les participants qu'ils peuvent inscrire chaque compétence identifiée dans leur leur portrait professionnel. *(15 minutes)*

---

12. Pour un exemple d'une description de compétence voire à l'activité « Rédaction du portfolio ».

13. Voir les travaux de Bélisle (2003), sur le rapport à l'écrit.

Matériel

- **Schéma de la compétence**
- **Exemples de champs de compétences**
- **Identification de mes compétences**
- **Description de ma compétence**
- **Exemples de description d'une compétence :** voir activité 10, p. 168-171

Schéma de la compétence

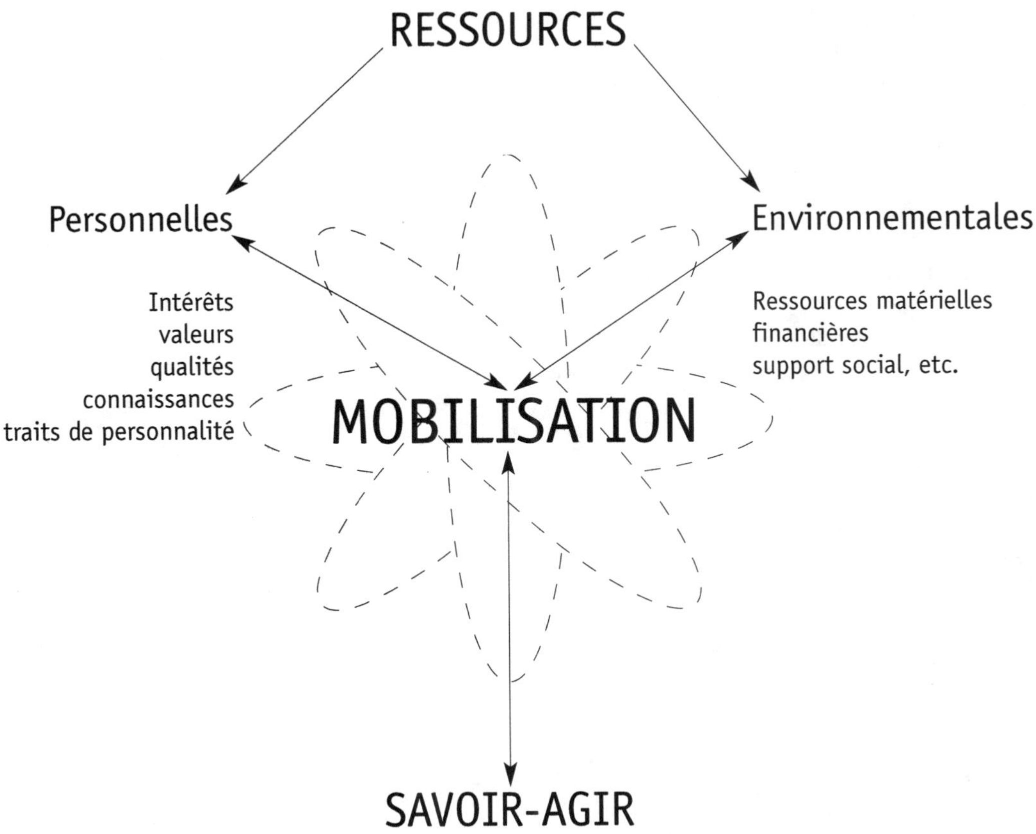

Exemples de champs de compétences

Accueil, renseignements et références
Achat et inventaire
Administration et facturation
Aménagement
Analyse
Analyse (statistiques, mathématiques)
Analyse de poste
Analyse des demandes de crédit
Animation
Assemblage
Calibration
Communication écrite
Communication verbale
Comptabilité
Conception
Conception et créativité
Conception et évaluation de programmes
Conduite de véhicules automobiles
Conduite de véhicules lourds
Conduite de machinerie
Construction
Contrôle de qualité des travaux
Contrôle de qualité
Coordination
Création artistique
Création d'œuvres d'art
Création et conception
Dessin technique
Diagnostic
Élaboration de projet
Enseignement
Entraînement
Entretien et réparation
Estimation de travaux
Évaluation
Évaluation et promotion
Fabrication
Formation
Gestion administrative
Gestion financière
Gestion de production
Gestion de projets
Gestion des opérations
Gestion des services
Gestion du personnel
Informatique
Ingénierie
Inspection
Interprétation musicale
Inventaire et analyse des ressources
Langues et littérature
Lecture de plans
Logistique
Manipulation
Mécanique automobile
Mécanique industrielle et générale
Mise en marché (commercialisation)
Réalisation et contrôle
Montage
Négociation
Organisation
Planification et organisation
Planification et organisation d'interventions
Planification financière
Production animale
Protection animale
Promotion
Publicité
Recherche et expérimentation
Recherche, analyse et développement
Recrutement
Recrutement de clientèle
Rédaction technique
Relation d'aide
Relations de travail
Relations publiques
Représentation
Restauration
Santé et sécurité au travail
Secrétariat
Sécurité publique
Sélection
Service à la clientèle
Services-conseils
Services documentaires
Soins aux personnes
Soutien
Soutien administratif
Supervision
Techniques audio
Traduction
Traitement et tenue de dossiers
Travail de laboratoire
Travail manuel
Vente, promotion et sollicitation

Identification de mes compétences

Description de ma compétence

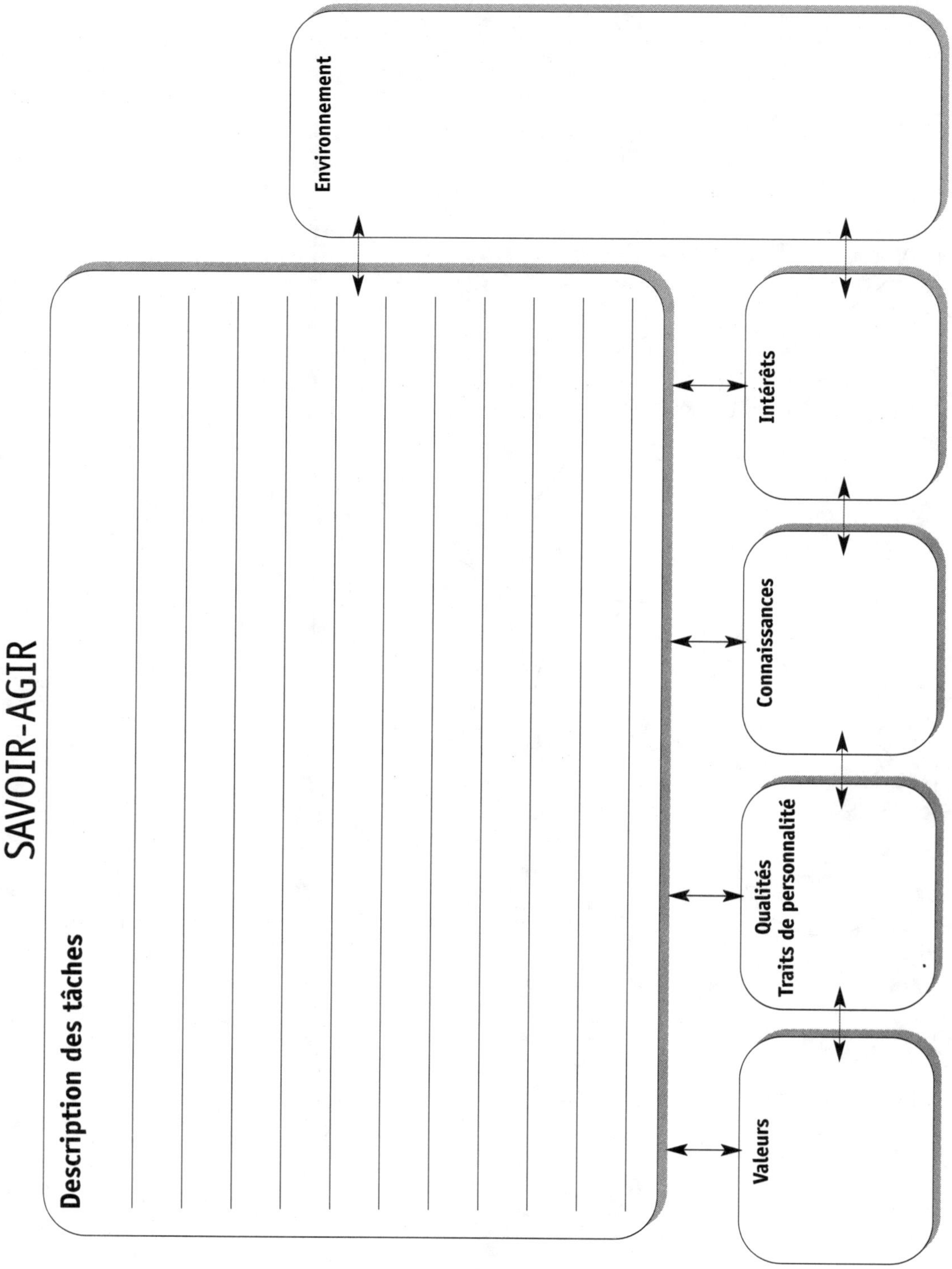

Phase de RÉTROSPECTIVE

Activité 6 : Mes compétences (suite) et retour sur la semaine

Objectifs

- Poursuivre la description de ses compétences
- Faire le point sur sa démarche et exprimer son niveau de satisfaction quant aux normes du groupe, à l'animation, aux activités et à sa participation individuelle
- Élaborer des pistes de réajustements groupaux et individuels

Compétences à s'orienter

- Développer sa capacité à comprendre ses mécanismes d'autorégulation et d'autoprotection ainsi que leur impact
- Explorer de nouvelles modalités de régulation avec son environnement
- Émettre et recevoir des rétroactions constructives.
- Communiquer avec les autres dans le but d'améliorer les conditions propices à l'atteinte des objectifs de la démarche

Déroulement et consignes

1. Présenter les buts de l'activité et offrir le soutien nécessaire à la rédaction des compétences. Mentionner que la première partie de l'activité sera consacrée à la rédaction et la seconde, à une rétrospective de leur première semaine au *Bilan de compétences*. Rappeler aux participants de ne pas hésiter à consulter des monographies professionnelles à l'aide du logiciel REPERES, car elles peuvent faciliter le travail de rédaction de leurs compétences. *(80 minutes)*

PAUSE *(15 minutes)*

2. Poursuivre cette activité avec la Visualisation : le retour sur la semaine. Ce type d'exercice amènera d'abord les personnes à revoir en image l'ensemble de la semaine qu'elles viennent de vivre. Par la suite, elles pourront préciser leur degré de satisfaction. Inciter les personnes à s'asseoir confortablement, puis à fermer les yeux et à être attentives aux images et aux perceptions qui émergent. Lire la Visualisation. *(15 minutes)*

Préparer les personnes à la visualisation[14] en leur proposant d'adopter une position d'ouverture face aux images et ressentis qui peuvent surgir. Il peut être approprié de rassurer la « dimension cognitive » de la personne en mentionnant que la visualisation proposée se situe

14. La visualisation est utilisée notamment pour faire ressortir des éléments inconscients ou de l'imaginaire de l'individu qui pourraient donner des pistes de projet à explorer.

dans un cadre respectueux[15]. Inviter les personnes à s'accorder une « présence à soi » bienveillante, sans jugement et à accueillir les idées, images, sensations qui se manifestent afin de maximiser le potentiel de créativité ou de pensées divergentes d'une telle activité. Inviter les personnes qui ne perçoivent pas d'images à être à l'écoute des idées ou sentiments qui peuvent émerger. *(2 minutes)*

3. Demander aux participants d'écrire ce qu'ils ont perçu lors de la visualisation. *(10 minutes)*

4. Inviter les personnes à partager leur visualisation en orientant l'échange sur les thèmes suivants : les normes du groupe, la communication entre les membres du groupe, l'animation, les activités, la participation individuelle. *(30 minutes)*

5. Revoir les normes établies et faire les réajustements au besoin. En lien avec les constats effectués, les participants peuvent également se donner des objectifs personnels de changement. *(15 minutes)*

6. Clore l'activité en demandant aux participants de quantifier, sur une échelle de 1 à 10, leur motivation à poursuivre la démarche de bilan de compétences. *(10 minutes)*

Matériel

Visualisation : retour sur la semaine

15. Le lien de confiance entre l'intervenant et le groupe lors de cette activité favorise le sentiment de sécurité des participants.

Visualisation : retour sur la semaine

« Imagine que tu es dans une pièce où se trouvent un grand écran et un fauteuil très confortable; tu t'assois et tu prends le temps de te reposer.

« Devant toi, il y a un lecteur DVD de même qu'un disque que tu insères dans le lecteur. Le grand écran s'allume et tu vois y défiler ta première semaine au programme à Bilan de compétences...

« Sois attentif à ce que tu ressens, à ce que tu as aimé et moins aimé, à ce que tu voudrais qui change ou qui s'améliore...

« Tu revois d'abord ta première journée, l'activité sur les autographes... Tes premiers contacts avec les autres, avec les intervenants...

« Le lendemain, la journée commence avec ton histoire professionnelle : c'est l'activité " historique " où tu fais un retour sur tes intérêts, sur ce que tu as aimé et moins aimé dans chacun de tes emplois et formations...

« En après-midi, c'est le test et tu peux prendre le reste de l'après-midi pour poursuivre tes réflexions...

« Mercredi matin, il a été question de transition... tu t'es arrêté sur les événements de ta vie qui t'ont amené à vivre des transitions importantes et tu as tracé ta ligne de vie... Tu t'es questionné sur le changement et sur ce qu'il te fait vivre. Tu as élaboré une armoirie des ressources qui t'aident à traverser la transition. Tu as identifié également tes principales limites...

« Dans l'après-midi, c'est ta première rencontre individuelle avec l'intervenant qui t'accompagne tout au long de la démarche...

« Et puis, hier, tu as commencé à identifier plus clairement tes compétences, ce qui te demande beaucoup de concentration et de réflexion...

« Tu as continué ce travail ce matin...

« Sois maintenant attentif à l'ensemble de ta semaine. Quelles sont les images qui te viennent à l'esprit quand tu penses au groupe, aux animations et à ta propre implication personnelle? Y a-t-il des éléments que tu as particulièrement appréciés ou que tu voudrais améliorer?

« Quand tu te sentiras prêt(e), ouvre les yeux et écris spontanément ce qui a attiré ton attention concernant le groupe, les animations et ton implication personnelle. »

Activité 7 : Introduction au centre de documentation

Objectifs

- Se familiariser avec le centre de documentation et ses outils;
- Accroître sa connaissance du marché du travail de la région.

Déroulement et consignes

1. Inviter les participants à se rendre au centre de documentation afin d'y rencontrer le conseiller en information scolaire et professionnelle.
2. Expliquer les modalités de fonctionnement et de classement des documents du centre.
3. Présenter brièvement les logiciels d'information scolaire et professionnelle disponibles.
4. Demander aux personnes d'émettre leur perception du marché du travail dans leur région.
5. Mettre à jour certaines connaissances à propos du marché du travail en utilisant le questionnaire. Les réponses varient selon l'état du marché du travail. (Facultatif)
6. Inviter les personnes à fréquenter le centre régulièrement.
7. Porter une attention au degré de satisfaction, au niveau d'énergie des personnes lorsqu'elles quittent le centre.

Matériel

Questionnaire sur le marché du travail (exemple)

Questionnaire sur le marché du travail (exemple)

Réponds par vrai ou faux.[16]	VRAI	FAUX
1. Administration, santé, fabrication, communication, informatique... sont des exemples de **secteurs d'activités.**	☐	☐
2. Commis, adjointe administrative, relationniste, assembleur, technicien... sont des exemples de **métiers** ou de **professions.**	☐	☐
3. Il existe habituellement différentes **catégories** d'employeurs pour chacun des métiers ou chacune des professions.	☐	☐
4. Les **conditions de travail** varient d'une entreprise à une autre et parfois d'un département à un autre.	☐	☐
5. Les **salaires** sont plus élevés dans notre région.	☐	☐
6. Le taux de chômage est plus élevé dans notre région comparativement à l'ensemble de la province.	☐	☐
7. Ce sont principalement dans **les secteurs** des **ventes et services** (par exemple, représentant des ventes non techniques, des ventes en gros, boucher, monteur de lignes et de câbles en télécommunication) et les secteurs de la **fabrication, des transports et des métiers** (par exemple, électromécanicien, conducteur de machines à usinage, électricien, opérateur de machines de traitement des matières plastiques, pressier, machiniste, plombier) que sont concentrés la plupart des emplois dans notre région.	☐	☐
8. **63 % des emplois prévus en 2010** exigeront des compétences techniques (collégial, par exemple DEC ou AEC) ou intermédiaires (DEP ou ASP).	☐	☐
9. En plus des compétences techniques ou des qualifications, les employeurs ont un souci de plus en plus grand des **compétences personnelles** des candidats (capacité à communiquer, à travailler en équipe, à s'adapter, etc.).	☐	☐
10. Les **emplois cachés** constituent les offres d'emplois qui ne sont pas affichées (85 %).	☐	☐
11. La pénurie de main-d'œuvre causée par la dénatalité devrait favoriser **les travailleurs de 50 ans et plus.**	☐	☐
12. L'adresse de la page Internet du Centre d'orientation et de recherche d'emploi de l'Estrie est : www.orientationemploi.org.	☐	☐

16. Les réponses ne sont pas fournies, car elles peuvent varier dans le temps et selon la région.

Activité 8 : Mes valeurs

Objectifs

- Comprendre la notion de valeur et en saisir l'importance dans son processus de bilan de compétences
- Bien saisir les dix valeurs principales qui influencent ses choix, ses actions, ses compétences
- Comprendre le développement de ses valeurs dans son expérience personnelle et professionnelle

Compétences à s'orienter

- Accroître sa capacité à explorer et à comprendre les valeurs développées au fil de son histoire
- Discerner les aspects constructifs et non constructifs des valeurs développées.
- Déterminer si les valeurs proviennent d'une potentialité ou d'un manque

Déroulement et consignes

1. Échanger sur le sens du terme « valeur ». *(10 minutes)*

2. Présenter la définition suivante[17] :

   « Les valeurs sont les principes qui me servent de référence, qui guident mes actions et qui influencent mes buts, mes désirs et mes choix. » *(5 minutes)*

3. Établir la pertinence d'une activité sur les valeurs dans le cadre d'un bilan de compétences. *(10 minutes)*

4. Expliquer le jeu Les valeurs en lisant les consignes. Faire le jeu. *(40 minutes)*

5. Demander aux personnes de rédiger les observations et les constats qu'elles ont faits durant le jeu sur la fiche « Retour sur l'activité ». *(10 minutes)*

PAUSE *(15 minutes)*

17. Cette définition provient d'une vulgarisation des définitions de Brown et Crace (1996) et de Ros, Schwartz et Surkiss (1999).

6. Échanger avec les personnes sur les observations et les constats auxquels elles sont arrivées pendant le jeu sur les valeurs. Cette étape constitue également un moment privilégié pour faire des observations sur les valeurs que les participants ont véhiculés par leurs comportements et leurs réactions lors du jeu (consignes, autres joueurs, jeu). *(30 minutes)*

7. Demander aux personnes d'écrire les dix principales valeurs identifiées sur la fiche « Mes principales valeurs » en indiquant des exemples concrets de mise en action dans leur expérience personnelle. Préciser si ces actions sont constructives ou non constructives pour elles et à quels besoins répondent leurs valeurs[18]. Ce travail peut également être complété individuellement après l'activité. *(20 minutes)*

8. Finalement, demander aux personnes ce qu'elles retirent de l'activité. Les inviter à inscrire leurs valeurs dans leur portrait professionnel. *(10 minutes)*

Matériel

- **Jeu de cartes et fiche des valeurs**
- **Consignes du jeu sur les valeurs**
- **Retour sur l'activité Jeu des valeurs**
- **Mes principales valeurs**

18. La prochaine activité porte sur les besoins. Vous pouvez attendre et faire compléter la partie sur les besoins après la prochaine activité.

Jeu de cartes et fiche des valeurs

À partir de cette liste, confectionner le nombre nécessaire de jeux de cartes (un jeu pour chaque équipe de trois ou quatre participants), ainsi que des fiches de valeurs associées au jeu.

Altruisme	Ambition	Amitié
Amour	Apparence	Autonomie
Avancement	Activité physique	Confiance
Communication	Compétence	Compétition
Confort	Collaboration	Connaissance
Considération	Contact avec les gens	Créativité
Dévouement	Discipline	Éthique
Famille	Harmonie	Honnêteté
Influence	Justice	Logique
Liberté	Loisir	Ordre
Paix	Perfectionnisme	Persévérance
Plaisir	Planification	Plein air
Goût du risque	Prestige	Réalisation
Recherche	Respect	Responsabilité
Richesse	Santé émotionnelle	Santé physique
Satisfaction	Sécurité	Sincérité
Simplicité	Solitude	Spiritualité
Stabilité	Tolérance	Variété

Consignes du jeu sur les valeurs

- Demander aux participants de former des équipes de trois ou quatre personnes.
- Distribuer 40 cartes de valeurs à chaque équipe.
- Remettre à chaque participant une fiche des valeurs et une feuille d'autocollants de couleur pour marquer les valeurs retenues.

PARTIE 1

1. Un joueur de chaque équipe distribue cinq cartes de valeurs aux autres participants. Il dépose le reste de la pile, face contre table, au centre retourne la première carte et la place à côté de la pile afin que tous la voient.
2. À tour de rôle, chaque joueur pige une carte de la pile ou prend la carte ouverte. Lorsqu'un joueur a six cartes dans ses mains, il doit en jeter une, face ouverte, à côté de la pile, de façon à avoir toujours cinq cartes dans son jeu. De plus, le joueur doit faire part aux autres des raisons pour lesquelles il se départit de la valeur écrite sur cette carte.
3. Après 10 minutes, la première partie se termine. Chaque participant retient trois valeurs importantes pour lui et les identifie sur sa fiche des valeurs avec un autocollant de couleur.

PARTIE 2

1. Chaque joueur conserve les cinq cartes de sa première partie et pige une carte dans la pile du centre ainsi que deux cartes dans le jeu de son voisin de droite. Des huit cartes qu'il a en main, il en redonne deux qu'il ne veut pas à son voisin de droite, puis il remet une carte au centre, de façon à avoir cinq cartes en main. Les cartes pigées ne doivent pas être nécessairement visibles aux autres joueurs, mais chaque joueur doit préciser les raisons du rejet de cette valeur.
2. Après 10 minutes, la deuxième partie prend fin. Chaque joueur retient trois autres valeurs importantes et les identifie à l'aide d'un autocollant sur sa fiche des valeurs.
3. Afin de compléter son choix des dix valeurs les plus importantes, chaque joueur en choisit quatre autres directement à partir de sa fiche des valeurs.

Retour sur l'activité
Jeu des valeurs

Qu'est-ce que je retiens de cette activité?
Mes observations et mes constats

Mes principales valeurs

Valeurs (par ordre de priorité)	**Comment est-ce que je mets cette valeur en pratique présentement dans ma vie?** (de manière constructive ou non constructive)	**À quel(s) besoin(s) répond cette valeur?**
1		
2		
3		
4		
5		

Mes principales valeurs (suite)

Valeurs (par ordre de priorité)	**Comment est-ce que je mets cette valeur en pratique présentement dans ma vie?** (de manière constructive ou non constructive)	**À quel(s) besoin(s) répond cette valeur?**
6		
7		
8		
9		
10		

Activité 9 : Les besoins[19]

Objectifs

- Comprendre la notion de besoin et son impact sur les différentes sphères de sa vie
- Connaître les cinq besoins fondamentaux et identifier sa façon personnelle de les combler au quotidien
- Faire le lien entre les besoins, les valeurs, les intérêts et les compétences développées

Compétences à s'orienter

- Développer sa capacité à explorer et à comprendre les besoins qui motivent certaines de ses actions et saisir l'impact de ses besoins sur ses choix professionnels et personnels

Déroulement

1. Amorcer cette activité en clarifiant la notion de besoin. Stimuler l'échange entre les membres du groupe en demandant quels sont les points de référence de chacun par rapport à ce mot et quel mot associatif ou quelle image leur vient à l'esprit? *(15 minutes)*

2. Préciser ensuite que chaque individu, dès sa naissance, tente de satisfaire ses besoins fondamentaux. Ainsi, chacun de nos comportements, chacune des actions que nous posons représente le meilleur effort du moment pour tenter d'y répondre. Demander aux personnes de préciser quels sont les besoins fondamentaux de l'être humain. Répondre à cette partie de l'activité en remettant aux participants un *résumé des besoins fondamentaux selon Glasser*. Lire ce résumé des besoins à voix haute et recueillir les commentaires des participants. *(20 minutes*)

3. Proposer un exercice pratique qui amènera les participants à décrire leurs besoins et à préciser les moyens qu'ils privilégient pour les satisfaire.

   - Remettre un exemplaire de la *Satisphère* aux participants. Il s'agit d'une sphère où sont représentés les cinq besoins fondamentaux (cinq pointes).
   - Leur demander d'inscrire dans chacune des pointes le nom des personnes qui leurs permettent de combler ces besoins ainsi que les activités pratiquées pour y arriver.
   - Dans la partie la plus large de la pointe, les participants doivent inscrire le nom des personnes ou des activités qui pourraient les aider à atteindre un plus haut degré de satisfaction. *(15 minutes)*

19. La durée totale de cette activité est de 90 minutes.

4. Demander à chacun de remplir la fiche de réflexion personnelle « Ma satisphère, mes besoins ». Les personnes établiront ainsi les impacts de leurs besoins et leur importance dans leur vie. *(10 minutes)*

5. Proposer à chacun de partager ses principaux constats. Demander de compléter le matériel 4. remis à l'activité 8, « Mes valeurs », et qui permet de faire le lien entre les valeurs et les besoins. *(30 minutes)*

Matériel

- **Résumé des besoins fondamentaux selon Glasser**
- **Satisphère**
- **Réflexion personnelle : Ma satisphère, mes besoins**

Résumé des besoins fondamentaux selon Glasser

Besoins de survie

- Manger, boire, dormir, se sentir en sécurité (physique, psychique, psychologique, financière)

Besoins d'appartenance

(Recherche de référence à des gens, des choses ou des lieux)

- Aimer et être aimé, se sentir accepté tel que l'on est
- Adhérer à un mouvement spirituel, syndical, à un clan, à une philosophie de vie
- Posséder un espace personnel chez soi, au travail, dans un lieu quelconque (banc, arbre, etc.)
- Associer des choses à soi (collection, mode, etc.)

Besoins de pouvoir

(Recherche d'influence sur soi, sur les autres ou sur les choses; se sentir important et utile)

- Pouvoir sur son propre corps (positif ou négatif)
  - Soins : hygiène, forme physique
  - Accessoires : habillement, coiffure, tatouage, bijoux
- Pouvoir sur son environnement
  - Rangement, entretien ou modification de son environnement intérieur ou extérieur (changement de l'emplacement, peinture, décoration) à la maison, au bureau ou dans d'autres lieux
- Pouvoir sur soi et sur les autres (vie personnelle, professionnelle et sociale)
  - Être écouté : ressentir que l'on est entendu
  - Être reconnu : sentir une appréciation pour ce que l'on dit (hochement de tête, phrase du genre « Je suis d'accord avec toi » ou « Je te comprends »)
  - Être compétent : démontrer ses capacités de façon concrète, s'accomplir

Besoins de plaisir

(Recherche d'une forme de satisfaction pouvant générer de l'énergie. C'est le **besoin le plus intime)**

- Rire, s'amuser, apprendre, être satisfait de soi

Besoins de liberté

(Recherche de choix accessibles)

- Exercer des choix de façon autonome dans sa vie, faire des changements, prendre des risques, orienter sa vie

Satisphère

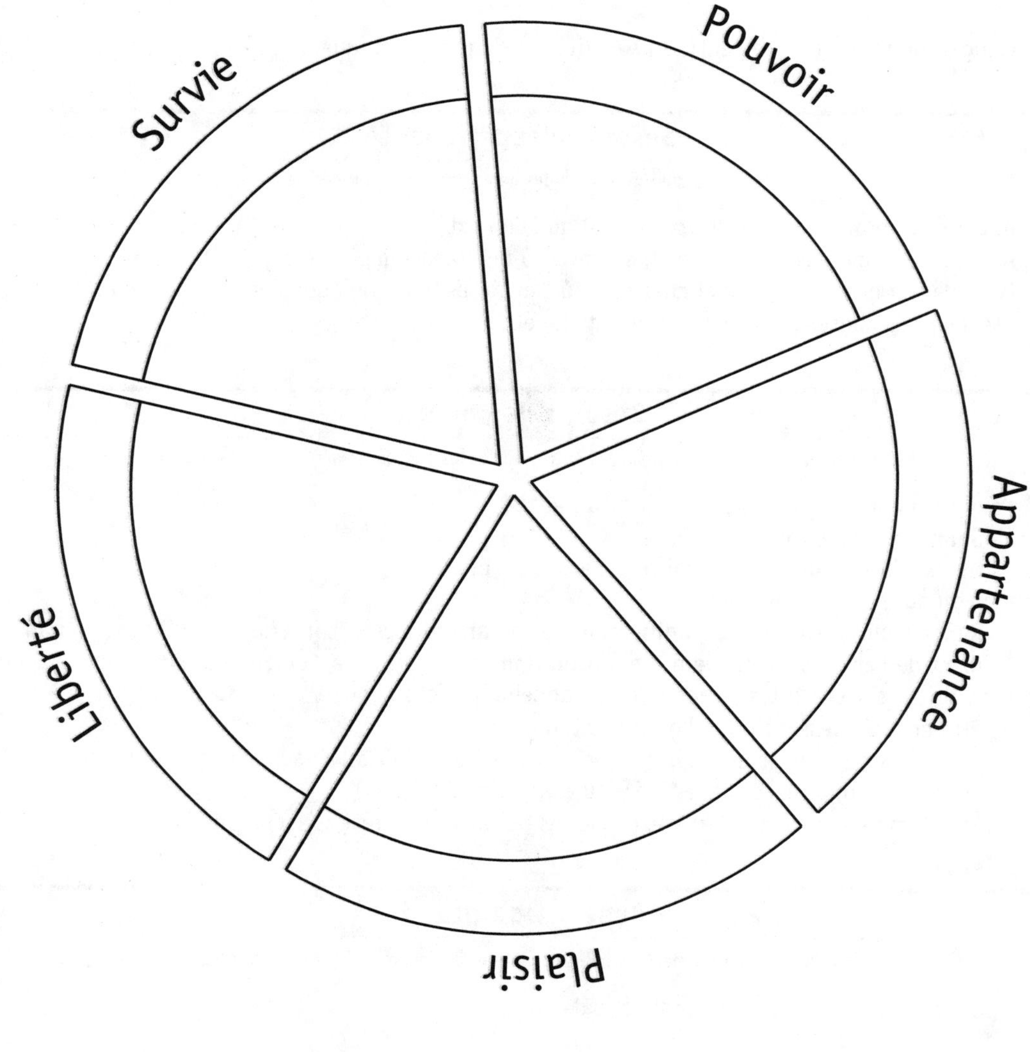

(Bélair, F., 2006)

ion personnelle : atisphère », mes besoins

1. Quelles pointes de ma « satisphère » sont les plus remplies? Quels sont les besoins auxquels je réponds le plus?

____

____

2. Quelles pointes de ma « satisphère » (quels besoins) sont les moins remplies? Quels sont les besoins auxquels je réponds le moins?

____

____

3. En me basant sur mes constats, je redessine ma « satisphère » selon l'importance que j'accorde à chacun de mes besoins (petit – moyen – grand).

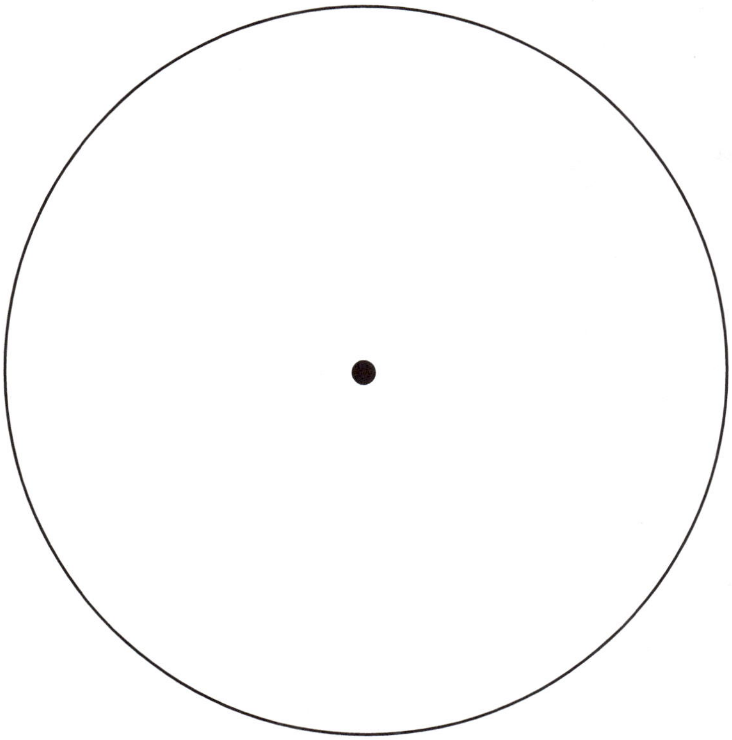

Réflexion personnelle : Ma « satisphère », mes besoins (suite)

4. Y a-t-il un besoin auquel je réponds au détriment des autres? Quelle en est la conséquence dans ma vie personnelle et professionnelle?

5. Suis-je satisfait de ma façon actuelle de répondre à mes besoins?

6. Y a-t-il un besoin auquel j'aimerais accorder davantage d'attention durant ma démarche de bilan? Lequel et pourquoi?

Activité 10 : Rédaction du portfolio

Objectifs

- Saisir l'utilité du portfolio dans la démarche bilan de compétences et dans sa recherche d'emploi
- Identifier les ressources personnelles et environnementales mobilisées par ses compétences (valeurs, qualités, connaissances, intérêts et ressources de l'environnement)
- Compléter la rédaction du portfolio
- Explorer les applications possibles du portfolio dans la recherche d'emploi

Compétences à s'orienter

- Augmenter sa capacité à explorer et à comprendre les ressources personnelles et environnementales augmenter dans sa vie
- Comprendre l'interaction de ses ressources personnelles et professionnelles dans le développement de ses compétences

Déroulement et consignes

1. Commencer l'activité en demandant aux personnes de s'exprimer sur ce qu'évoque pour elles le terme « portfolio ». Noter les réponses, puis donner la définition du dictionnaire *Le Robert* : « Ensemble de photographies ou de gravures non reliées, présentées dans un coffret ou une pochette ». Informer les participants que, dans le cadre de la démarche de bilan, le portfolio est un outil tangible dans lequel chacun peut décrire les compétences développées dans son cheminement professionnel et personnel. Mentionner que le portfolio peut également devenir très utile au moment de la recherche d'emploi (préparation d'entrevue, document complémentaire au curriculum vitæ). *(10 minutes)*

2. Afin que les personnes puissent se familiariser avec cet outil, distribuer l'exemple de Portfolio de Roger Bontemps, en précisant que le portfolio doit contenir l'ensemble des compétences développées par la personne. *(15 minutes)*

3. Inviter les personnes à remplir les sections sur les ressources personnelles qui sont mobilisées dans l'exécution des tâches décrites : les valeurs, les qualités, les connaissances, les intérêts. Faire de même pour les ressources environnementales.[20] Offrir du soutien pour la rédaction au besoin et vérifier les compétences décrites afin de s'assurer que les personnes ont bien compris la procédure. *(150 minutes)*

---

20. Prévoir un soutien technique à l'aide de listes d'intérêts, de valeurs, de connaissances, etc. Ces listes peuvent faire partie du cahier d'activités et être utiles tout au long de la démarche.

(Le moment de la pause est déterminé selon le besoin de chacun)

4. Terminer cette activité en demandant aux personnes quel est leur niveau d'énergie et préciser l'importance de poursuivre individuellement ce travail[21]. *(5 minutes)*

Matériel

Exemple de portfolio de Roger Bontemps

21. Suggestion : Annoncer la date de remise du premier jet de leur portfolio (fin de la deuxième semaine), ainsi que l'échéancier final pour la remise du portfolio révisé (début de la quatrième semaine).

Portfolio de Roger Bontemps (exemple)
Sommaire de mon portfolio

Portfolio de
ROGER BONTEMPS

1. Création et conception

2. Administration

3. Travail manuel

4. Soins aux personnes

Compétence

1 Création et conception

SAVOIR-AGIR

Description des tâches

Restauration :

Confectionner des hors-d'œuvre, des potages et diverses entrées

Composer les mets froids, les entremets et la pâtisserie

Élaborer les sauces, les potages et les garnitures

Monter les assiettes de façon originale et créative

Créer des gâteaux pour les occasions et des pièces de présentation

Créer de nouvelles recettes

Construction :

Concevoir et élaborer un plan et un devis pour la construction ou la rénovation

Valeurs

Autonomie
Création
Réalisation

Qualités
Traits de personnalité

Méticuleux
Innovateur
Patient

Connaissances

Spécialisation en fine cuisine
Conception de plans
Montage d'assiettes

Intérêts

Création
Conception
Nutrition

Environnement

Mentor dans le domaine de la cuisine

Outils de cuisine spécialisés

Fournisseurs de produits du terroir

Compétence 2 Administration

SAVOIR-AGIR

Description des tâches

Restauration :

Effectuer les réquisitions et les commandes de nourriture et d'équipement de cuisine

Déterminer l'ensemble des services à offrir et instaurer les procédures de fonctionnement

Élaborer les menus, en collaboration avec les cuisiniers et déterminer le budget et les achats

Voir au respect et à l'application des règles de sécurité et d'hygiène

Planifier les besoins en main-d'œuvre et recruter le personnel

Superviser la gestion des ressources humaines

Gérer les ressources financières et matérielles

Veiller à l'entretien de l'équipement et de l'outillage de cuisine

S'assurer de la satisfaction de la clientèle et traiter les plaintes, s'il y a lieu

Analyser périodiquement la situation financière et ajuster les prix au besoin

Environnement

Matériel informatique

Documentation écrite et informatisée en administration

Réseau de fournisseurs, etc.

Valeurs

Reconnaissance
Responsabilité

Qualités Traits de personnalité

Meneur
Sens de l'organisation
Aisance en communication interpersonnelle

Connaissances

Comptabilité
Supervision des ressources humaines
Logiciel comptable

Intérêts

Travail d'équipe
Prise de décision
Restauration

Compétence
3 Travail manuel

SAVOIR-AGIR

Description de tâches

Restauration :

Peser, couper, hacher les viandes, les poissons et les légumes

Recevoir et entreposer la nourriture

Effectuer la mise en place de la salle en vue du service

Monter les assiettes selon les normes et les standards

Veiller à l'entretien de l'équipement de cuisine

Apprêter et conditionner les viandes, poissons, légumes, desserts et autres aliments

Construction :

Découper et façonner divers matériaux pour réaliser des travaux de construction

Construire des charpentes de soutien pour un bâtiment

Assembler les éléments de construction (planches, matériaux de revêtement, portes, châssis, etc.)

Exécuter des tâches simples reliées à la confection et à la réparation d'éléments en bois à l'aide d'outils manuels et électriques

Décaper et redonner une allure nouvelle à des meubles

Environnement

Assistants cuisiniers

Outils spécialisés de construction

Grossiste en alimentation

Valeurs

Plaisir
Loisir
Réalisation

**Qualités
Traits de personnalité**

Créativité
Motivation
Curiosité intellectuelle

Connaissances

Construction et rénovation
Manipulation d'outils
Cuisine d'établissement
Coupe de viande

Intérêts

Bricoler
Innover
Travail de précision

Compétence
4 Soins aux personnes

SAVOIR-AGIR

Description des tâches

- Assurer une présence humaine auprès des personnes âgées
- Aider les personnes non autonomes à faire leur toilette, à s'habiller ou à se déshabiller
- Faire manger les personnes en perte d'autonomie
- Stimuler l'autonomie des personnes en réadaptation
- Accompagner certains clients à l'épicerie ou effectuer pour eux des achats
- Divertir la clientèle par des jeux, des lectures et des conversations
- Être à l'écoute des besoins de la clientèle et en assurer la satisfaction
- Veiller la sécurité physique des clients

Valeurs

Reconnaissance
Dévouement
Respect des personnes

Qualités
Traits de personnalité

Capacité d'écoute
Sens des responsabilités
Confidentialité

Connaissances

Relation d'aide
Gérontologie
Principes et techniques de déplacement sécuritaire des bénéficiaires

Intérêts

L'être humain
La relation d'aide
La communication

Environnement

Entraide entre bénévoles
Personnels soignants
Fourgonnette adaptée

Activité 11 : Portrait professionnel

Objectifs

- Schématiser les différentes ressources disponibles afin de faciliter sa prise de décision
- Terminer la rédaction de son portrait professionnel
- Identifier ses ressources ou ses limites à clarifier
- Déterminer les éléments à enlever, à maintenir et à ajouter dans son projet professionnel

Compétences à s'orienter

- Développer sa capacité à analyser ses intérêts, ses valeurs, ses ressources et ses limites personnelles et environnementales dans l'élaboration d'un projet
- Établir des actions en lien avec cette nouvelle compréhension de ses ressources et de ses limites personnelles

Déroulement et consignes

1. Présenter les buts de l'activité. Demander aux participants de compléter tous les éléments de leur portrait des ressources et des limites personnelles et environnementales (distribué au début de la démarche). Inviter les participants à l'enrichir par les constats tirés des activités complétées. Expliquer les éléments du portrait qui n'ont pas fait l'objet d'activités (aptitudes, facteurs de réalité[22] et exigences professionnelles[23]) en donnant des exemples concrets. Soutenir les participants dans la rédaction de leur portrait professionnel. *(60 minutes)*

2. Amener les participants à identifier les éléments qu'ils veulent enlever, maintenir et ajouter dans leur projet professionnel. *(20 minutes)*

3. Terminer cette activité en précisant l'importance d'avoir accompli cet exercice pour l'activité suivante, « Synthèse et entraide ». *(10 minutes)*

---

22. Pour une liste, voir l'activité sur la présentation du projet.

23. Les exigences professionnelles sont la transposition des valeurs dans le contexte professionnel. Par exemple :
Valeur : faire beaucoup d'argent pour avoir un niveau de vie élevé. Exigence professionnelle : avoir un salaire élevé (préciser).
Valeur : liberté. Exigence professionnelle : autonomie professionnelle.

Phase de RÉTROSPECTIVE

Activité 12 : Synthèse et entraide

Objectifs

- Présenter son portrait de ses ressources et ses limites personnelles et environnementales
- Recevoir de la rétroaction du groupe à la suite de la présentation de son portrait
- Formuler des rétroactions constructives aux autres membres du groupe, à la suite de la présentation de leur portrait
- Identifier des pistes de développement professionnel et personnel

Compétences à s'orienter

- Explorer et mieux comprendre ses ressources et ses limites personnelles et environnementales
- Accroître sa capacité à donner et à recevoir des rétroactions constructives
- Prendre conscience de sa manière de communiquer dans un petit groupe

Déroulement et consignes

1. Présenter les buts de l'activité et diviser le groupe en deux sous-groupes afin de favoriser les échanges de rétroaction[24]. *(5 minutes)*

2. Fournir aux membres de chacun des sous-groupes des notions de base sur la façon de formuler des rétroactions constructives. À cette étape, il est utile d'approfondir les notions déjà vues lors de l'Accueil (première activité) concernant la communication et l'interaction entre les personnes à l'aide du résumé suivant :

   La rétroaction

   - *Pour l'émetteur*
     Le message doit être clair et se rattacher le plus possible aux faits observés lors du déroulement d'activités. Les faits doivent être précis et, s'il y a lieu, présentés en situant l'impact du comportement sur soi. Il importe également de s'exprimer en utilisant le « je ». Une rétroaction se doit d'être authentique et aidante pour la personne qui la reçoit.

   - *Pour le récepteur*
     La personne doit prendre le temps d'écouter la totalité du message afin de bien en saisir le sens. Elle peut, au besoin, poser des questions pour mieux comprendre ce qui lui a été dit. Il importe d'adopter une position réceptive et ouverte. Le récepteur peut exprimer comment il reçoit cette information. *(10 minutes)*

24. Un deuxième animateur est à prévoir pour l'animation des sous-groupes. Afin d'atteindre les objectifs de cette activité, un minimum de trente minutes par personne incluant la rétroaction est suggéré. Dans la situation où il n'est pas possible de créer des sous-groupes, il est préférable d'envisager cette activité sur deux périodes de trois heures.

3. Préciser ensuite les rôles de l'intervenante ou l'intervenant pour cette activité : s'assurer du respect des personnes, des consignes, gérer le temps et la dynamique du groupe. En fonction de la dynamique du groupe et de ses normes, l'animateur doit tendre vers des rétroactions qui permettront aux participants d'aller au-delà de l'aire connue (fenêtre de Johari, voir matériel 5 de l'activité « Accueil »). Ces rétroactions visent à nommer les ressources et les limites perçues chez un autre membre du groupe lors de la présentation de son portrait ou pendant la démarche.

4. Inviter les membres à présenter à tour de rôle leur portrait. Durant l'exposé, les autres membres écoutent, sans interrompre la présentation, et prennent en note des pistes de rétroaction en lien avec les ressources et les limites perçues chez chacun.

5. Clore l'activité. *(10 minutes)*

Matériel

La rétroaction

La rétroaction

Ce qu'est une rétroaction

C'est un retour d'information à la personne concernée sur les effets qu'un de ses comportements ou qu'une de ses attitudes ont produit sur moi ou me laissent comme impression, dans un but constructif pour elle et pour moi.

Ce qu'elle n'est pas

- Ce n'est pas une décharge émotive dans le but de liquider une frustration.
- Ce n'est pas une plainte à propos d'une personne à une autre.
- Ce n'est pas un jugement.

Pourquoi donner une rétroaction

Parce que l'autre n'est pas toujours conscient des effets qu'il produit (aire aveugle dans la fenêtre de Johari). Il ne faut pas tenir pour acquis qu'il a de mauvaises intentions. Plus l'autre prendra conscience des effets qu'il produit, plus il aura de chance de devenir habile.

La différence entre une rétroaction et un jugement

RÉTROACTION	JUGEMENT
1. Message « je » La personne utilise le « je » en communiquant son expérience. Exemple : J'ai de la difficulté à te suivre.	1. Message « tu » La personne utilise le « tu » en l'accusant. Exemple : Tu n'es pas « comprenable ».
2. Des faits sont rapportés Exemple : À deux reprises, tu m'as coupé la parole ce matin.	2. Des interprétations, des hypothèses sont rapportés Exemple : Tu n'es pas attentif aux autres.
3. Le comportement est critiqué Exemple : Je n'aime pas me faire interrompre régulièrement quand j'ai la parole.	3. La personne est critiquée Exemple : Espèce de bavard, de grande gueule, tu m'énerves.
Résultats	**Résultats**
• Grande possibilité d'ouverture • Les faits sont validés ou discutés • L'autre cherche davantage à comprendre • Un échange est amorcé	• Grande possibilité de réaction défensive • Des effets secondaires sont amenés (escalade du ton ou fermeture de l'autre) • Pas de compréhension de la part de l'autre • La communication est rompue

Phase de PROSPECTIVE

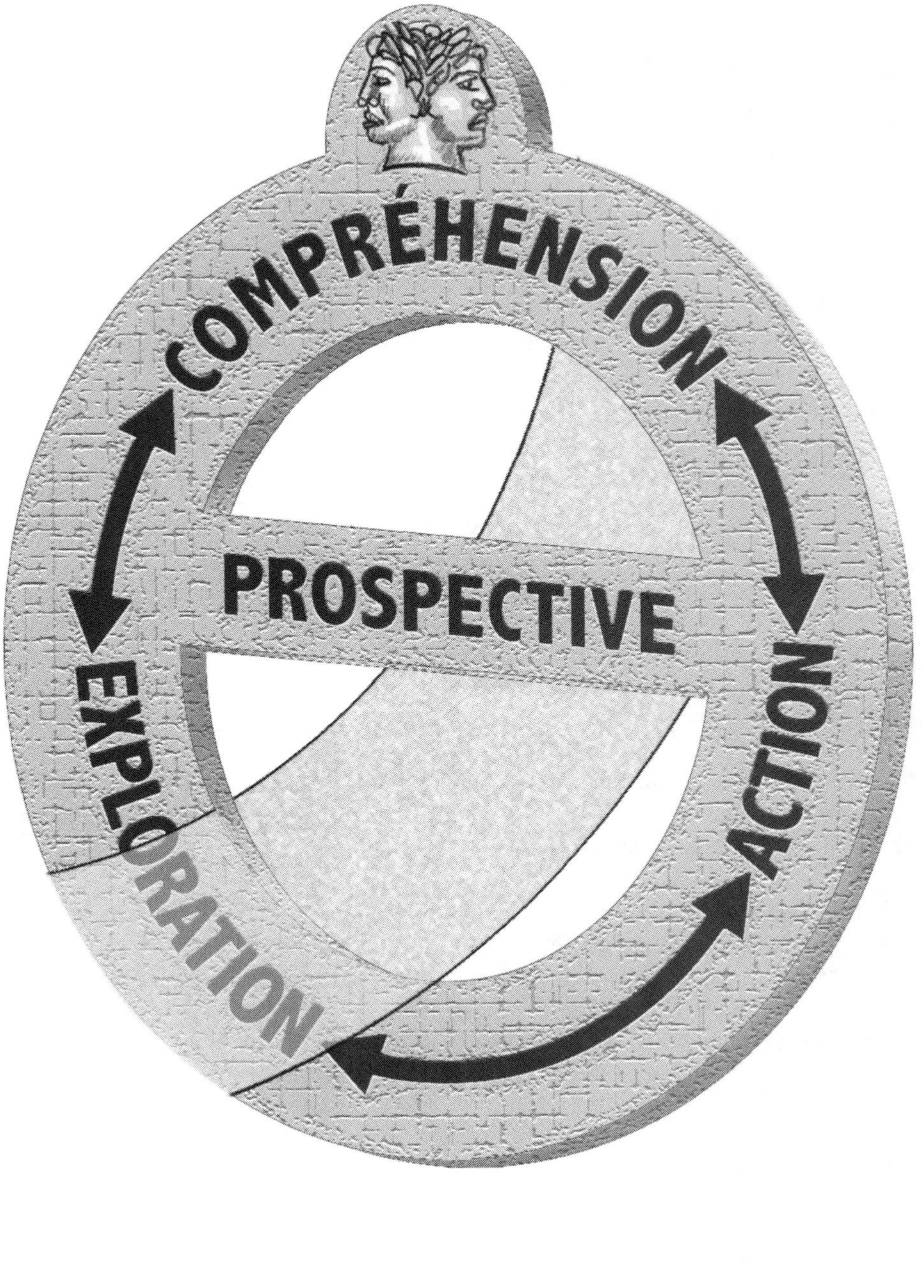

Illustration : Patrick Bizier

Activité 13 : Mon idéal d'emploi

Objectifs

- Explorer son idéal d'emploi à partir de l'imaginaire
- Identifier ses espoirs et ses peurs face à son avenir professionnel
- Dégager certaines exigences personnelles face à un emploi

Compétences à s'orienter

- Développer sa capacité à explorer et à comprendre ses motivations et ses peurs dans la réalisation d'un nouveau projet professionnel
- Développer sa capacité à identifier des exigences personnelles face à un emploi, à partir de ses ressources et des limites personnelles et environnementales

Déroulement et consignes

1. Présenter les buts de l'activité et proposer aux participants de partager leurs perceptions de l'expression « idéal d'emploi ». *(10 minutes)*

2. Préciser le sens accordé à cette expression qui, dans le cadre de la démarche de bilan de compétences, signifie « l'emploi ou le secteur d'emploi dans lequel une personne aimerait travailler. L'emploi pour lequel elle utiliserait ses ressources personnelles et environnementales et qui répondrait à ses exigences par rapport à un travail ». *(3 minutes)*

Dans les ressources, une attention particulière doit être accordée aux liens entre les valeurs et les exigences personnelles face à un emploi. Ces dernières sont en quelque sorte la contextualisation dans un travail de ses valeurs.

3. Préparer les personnes à la visualisation[25] en leur proposant d'adopter une position d'ouverture face aux images, ressentis, etc. Il peut être approprié de rassurer la « dimension cognitive » de la personne en mentionnant que la visualisation proposée se situe dans un cadre respectueux[26]. Inviter les personnes à s'accorder une « présence à soi » bienveillante, sans jugement et à accueillir les idées, images, sensations qui se manifestent afin de maximiser le potentiel de créativité ou de pensées divergentes d'une telle activité. Inviter les personnes qui ne perçoivent pas d'images à être à l'écoute des idées ou sentiments qui peuvent émerger. *(2 minutes)*

---

25. La visualisation est utilisée notamment pour faire ressortir des éléments inconscients ou provenant de l'imaginaire de l'individu qui pourraient donner des pistes de projet à explorer.

26. Un lien de confiance entre l'intervenante ou l'intervenant, lors de cette activité, favorise le sentiment de sécurité des participants.

4. Amener les personnes à atteindre un état de détente à l'aide de respirations profondes. Lire lentement le texte sur la visualisation de manière à permettre la réflexion. *(15 minutes)*

5. Inviter les personnes à écrire spontanément ce qu'elles ont vécu pendant la visualisation. Dans un deuxième temps, accorder une attention particulière aux liens qu'elles peuvent faire entre cette visualisation et leurs exigences personnelles face à un emploi. *(10 minutes)*

6. Effectuer un retour sur la visualisation en proposant aux personnes de partager les éléments significatifs retenus. Faire ressortir leurs exigences personnelles face à un emploi, leurs espoirs, leurs craintes et, s'il y a lieu, faire des liens avec le projet professionnel en émergence. *(30 minutes)*

PAUSE *(15 minutes)*

7. Présenter le document visuel *Opportunityisnowhere*. Demander aux personnes de le lire d'abord dans leur tête, puis à voix haute. Vérifier le sens accordé à « Opportunityisnowhere ». Certaines personnes lisent « *Oppotunity is no where* » et d'autres « *Opportunity is now here* ». Faire partager spontanément les personnes sur cette différence de perception qui correspond au bien connu « verre à moitié plein ou à moitié vide ». *(10 minutes)*

8. Noter les principaux éléments soulevés et mentionner que les perceptions, les croyances et les peurs que nous portons influencent notre vision de la réalité. Préciser que notre perception des choses s'est construite à partir de notre histoire et que cela influence notre perception de l'avenir. Autrement dit, la perception de l'avenir n'est pas neutre. Ainsi, dans un contexte socio-économique donné, deux personnes peuvent avoir des perceptions différentes de l'avenir.

9. Expliqur que ce qui rejoint l'espoir aide à démarrer les projets et à les faire avancer[27], alors que les croyances irrationnelles[28] que nous portons peuvent agir un frein ou comme un obstacle dans l'élaboration ou le maintien d'un projet.

   Ajouter que tout projet introduit une tension entre l'espoir et les risques potentiels. Il s'avère donc important d'identifier les peurs qui habitent chacun afin de mieux comprendre leurs effets possibles sur l'identification et la réalisation de son projet. *(5 minutes)*

---

27. Les études sur la perception de son efficacité personnelle, de Bandura (2003, 1976), vont dans ce sens.

28. Les croyances irrationnelles, ou distorsions cognitives (Cottraux, 2001), sont l'aboutissement d'un traitement erroné de l'information pouvant susciter des peurs, de l'anxiété, des jugements globaux, des conclusions hâtives, des attentes irréalistes, des exagérations, de même que des minimisations (Freeman, A et al. 1989). Évidemment, les peurs ne correspondent pas toujours à des croyances irrationnelles.

10. Suggérer aux personnes une mise en situation qui les aidera à développer du pouvoir, c'est-à-dire à identifier des stratégies concrètes face aux obstacles qui pourraient se manifester.

- Proposer aux personnes d'écrire les peurs ou les croyances qui pourraient être des obstacles à leur projet.
- Désigner un volontaire pour qu'il exprime son idéal d'emploi et l'inscrive au tableau. Ensuite, lui demander quels sont les peurs et les obstacles qui se trouvent sur sa liste.
- Pour chaque peur et obstacle énumérés, déposer une boîte[29] dans les mains du volontaire. Inviter le participant à préciser ses propos au besoin et à décrire comment il se sent avec toutes ces boîtes, toutes ces peurs entre ses mains qui l'empêchent probablement de lire l'énoncé de son idéal d'emploi au tableau.
- L'inviter à nommer les ressources qui sont à sa disposition et qui lui serviraient pour composer avec ses croyances, obstacles, peurs. Les autres participants peuvent intervenir pour l'aider.
- Pour chaque ressource nommée, enlever une boîte des mains de la personne, jusqu'à ce qu'elle puisse avoir accès à nouveau à son énoncé de projet.
- Accueillir la réaction de la personne face à cette réorganisation de sa perception en se centrant sur ses ressources plutôt que sur ses limites (peurs, croyances irrationnelles). Vérifier ce qu'elle ressent. Lui demander : « Quelle est la différence depuis que certaines boîtes ont été enlevées? Qu'est-ce que cette expérience t'a permis de constater? » Ne pas forcer les prises de conscience, simplement recevoir l'impact immédiat en précisant qu'une intégration plus approfondie se poursuivra et qu'il est approprié d'en discuter avec l'intervenant lors de la prochaine rencontre individuelle.
- Expliquer que cette mise en situation est un modèle pour les autres membres du groupe de la manière de se centrer sur ses ressources plutôt que sur ses limites. Ils peuvent constater qu'il est possible de développer un certain pouvoir sur ses peurs et ses croyances, qui sont des obstacles à la réalisation de leur idéal d'emploi et, plus globalement, de leur projet. Les inviter à poursuivre leur réflexion avec l'intervenant qui les accompagne dans leurs rencontres individuelles. *(30 minutes)*

11. Pour terminer proposer un rituel afin de soutenir le désir de changement face à une peur qui agit actuellement comme un obstacle important dans la démarche actuelle des participants. Distribuer des feuilles et leur demander d'écrire une des peurs qu'ils souhaitent apprivoiser ou dont ils veulent se débarrasser. Les inviter à dire : « Aujourd'hui, je me sens prêt à me distancer de toi » et à poser le geste concret de jeter ce papier à la poubelle.

Il est important de comprendre que nous n'amenons pas les personnes à « jeter » la compréhension de la construction de cette peur à travers leur histoire mais plutôt ses conséquences sur l'objectif d'élaborer un projet dans leur démarche de bilan de compétences. Il est évidemment possible que cette peur se déclenche à nouveau et que cela soit même salutaire dans un autre contexte. Elle doit alors être reçue comme un signal d'alarme qui nécessite de s'attarder à en comprendre le sens avant de la jeter. *(15 minutes)*

29. Prévoir six ou sept boîtes de grosseur et de poids différents afin de s'assurer que la personne ne puisse plus voir l'énoncé qu'elle a écrit au tableau. Les boîtes, qui représentent les peurs et les craintes, l'empêchent de voir son projet.

12. Clore l'activité. Rappeler aux participants l'importance d'approfondir leur désir de changement ou, autrement dit, ce qui peut paralyser les actions menant à leur idéal d'emploi ou à leur projet. *(15 minutes)*

Matériel

- **Visualisation : Mon idéal d'emploi**
- **Document visuel *« Opportunitisnowhere »***

Visualisation : Mon idéal d'emploi

Par un matin ensoleillé, tu te diriges vers ton travail. Ce travail est l'emploi dont tu as toujours rêvé. Il comble tous tes désirs sur le plan professionnel. Tu arrives au travail...

Dans quel genre d'environnement te trouves-tu...

- Es-tu à l'intérieur ou à l'extérieur?
- Es-tu dans un bureau, à la maison ou ailleurs?
- Quelles sont l'esthétique et l'ambiance de ton environnement?
- Y a-t-il de la musique, des tableaux ou des plantes?
- Quelles sont les couleurs?
- Si tu es à l'intérieur, que vois-tu en regardant par la fenêtre?
- Le décor est-il naturel, moderne, folklorique, élégant?

Prends le temps de sentir, de voir et d'écouter ce qui se passe dans ton environnement de travail.

Dans cet environnement, tu effectues un travail...

- Quelles sont tes tâches?
- Travailles-tu avec des outils, des données, des gens, des idées?
- Dans quels domaines d'action se situent ces tâches?
- Quelles sont tes responsabilités?

Comment fais-tu ce travail?

- Travailles-tu seul ou avec d'autres?
- Diriges-tu d'autres personnes?
- Voyages-tu?
- Combien d'heures par jour, de jours par semaine et de semaines par année travailles-tu?
- Ton horaire de travail est-il fixe ou souple?
- Es-tu propriétaire de ta propre entreprise ou travailles-tu pour quelqu'un d'autre?

Prends le temps de t'imprégner de ce travail et de ta façon de le faire. Regarde, ressens et écoute ce qui se passe autour de toi quand tu fais ton travail.

ans cette vision de ton travail idéal...

- Quelles sont les valeurs à partir desquelles tu agis?
- Quels talents exprimes-tu? Quelle reconnaissance as-tu? Que disent les gens de ton travail?
- Quels sont les défis qui te permettent de croître et d'exprimer pleinement tes compétences?
- Combien d'argent reçois-tu?
- Quelles valeurs, quelle reconnaissance as-tu dans ton travail?
- Quels défis ton travail te permet-il de réaliser?

Pense maintenant aux relations que tu entretiens avec tes collègues de travail...

- Avec quel genre de personnes travailles-tu?
- Quelle est la qualité de communication avec ces gens?
- Quel est l'effet de ta présence sur les gens avec lesquels tu travailles?

Nous voici à la dernière étape de la visualisation.
Prends quelques minutes pour t'immerger dans l'ensemble de la vision que tu viens de créer.
Prends quelques inspirations profondes.
Quelles impressions et quels sentiments te laissent la vision de ton travail idéal?
Laisse ton corps s'imprégner de ces sentiments. Laisse-les doucement entrer en toi.
Prends quelques inspirations profondes. Puis ouvre les yeux et prends le temps d'écrire ce que tu as vu, entendu et perçu durant cette visualisation. *(15 minutes)*

Opportunityisnowhere

Activité 14 : Exploration professionnelle

Objectifs

- Explorer des pistes d'informations scolaires et professionnelles qui faciliteront l'identification d'un projet professionnel
- Faire des liens entre ses ressources personnelles et l'information scolaire et professionnelle

Compétences à s'orienter

- Développer des habiletés à consulter l'ISEP (l'information scolaire et professionnelle) en lien avec ses ressources et ses limites personnelles et environnementales
- Prendre conscience des mécanismes d'autorégulation et d'autoprotection déclenchés par sa perception de l'ISEP

Déroulement et consignes

1. Présenter aux personnes les objectifs de l'activité « Exploration professionnelle »[30], qui se poursuivra toute la semaine. Préciser que l'ISEP n'est pas neutre et qu'on l'interprète à la lumière de ses ressources et de ses limites personnelles et environnementales. Mentionner qu'une exploration optimale nécessite un engagement important aux niveaux cognitif et affectif, et que cela exige du temps et des efforts. Concrètement, cela veut dire quelques visites au centre de documentation ou autres (entrevue d'exploration professionnelle, stage d'exploration dans un milieu de travail ou un centre de formation, etc.), pour trouver le métier, la profession permettant un projet professionnel optimal. Souligner que l'exploration demande souvent du temps de réflexion, de validation et d'intégration au processus de prise de décision.
(5 minutes)

2. Inviter les personnes à définir le sens qu'elles accordent au terme « exploration » en soulignant l'aspect positif souvent lié à ce terme. Au besoin, compléter avec ces mots et ces expressions : découvrir, s'aventurer, avoir du plaisir, se questionner, ouvrir de nouveaux horizons, etc. Il peut être intéressant de faire une analogie avec un voyage d'exploration dans un autre pays. Accorder une attention particulière aux craintes, notamment à la peur de l'inconnu ou de ne pas trouver, que peut susciter l'exploration et au ressenti face à cette tâche comme la lourdeur, le sentiment de solitude, etc. *(15 minutes)*

30. Il est suggéré d'animer cette activité avec le conseiller ou la conseillère en information scolaire et professionnelle responsable du centre de documentation.

3. Écrire au tableau la citation suivante de Félix Leclerc : « Si je ne sais pas où je vais, je risque de me retrouver ailleurs ». Se servir de cet élément déclencheur pour montrer l'importance de se doter d'un objectif d'exploration. Demander aux personnes de dire leur objectif de départ[31]. *(15 minutes)*

4. Une fois l'objectif défini, guider les personnes vers les outils d'exploration à leur disposition[32]. Il serait judicieux de jumeler les personnes les plus habiles avec les outils informatiques et celles qui le sont moins. *(110 minutes. Prendre une pause après 75 minutes)*

5. Terminer cette activité par un échange sur l'atteinte du premier objectif d'exploration professionnelle. Inviter les personnes à échanger sur les obstacles qu'elles ont rencontrés pendant l'activité. Rappeler l'importance de poursuivre l'exploration. Rappeler aussi qu'il importe de valider sur le terrain les informations recueillies, en effectuant des entrevues exploratoires pour obtenir de l'information scolaire ou professionnelle. Il est également possible de planifier une rencontre avec une personne exerçant le métier convoité pour déterminer s'il constitue réellement un choix éclairé et concrètement intéressant. *(15 minutes)*

6. Inviter les personnes à solliciter l'accompagnement de leur intervenante ou intervenant dans la poursuite de leur exploration notamment pour approfondir les liens entre leurs ressources personnelles et l'information scolaire et professionnelle. *(5 minutes)*

---

31. Par exemple : « Je vais commencer par explorer ce que je peux faire sans retourner aux études. » (professions connexes) Un autre exemple : « Je vais commencer par explorer les professions en relation d'aide. » Un autre exemple : « Je vais regarder les DEP qui existent. »

32. Pour un groupe de dix, il est souhaitable d'être au moins deux intervenants pour soutenir les participants lors de cette activité. Il est également bon d'encourager les participants à s'entraider

Phase de PROSPECTIVE

Activité 15 : Amorce de mon projet

Objectifs

- Saisir en quoi consistent la notion de projet et ses composantes
- Préciser quels sont les axes de projets développés dans son histoire et déterminer ceux qu'il souhaite développer dans son projet
- Rédiger l'énoncé de son projet professionnel
- Comprendre les peurs, les croyances et les perceptions qui nuiraient à son projet

Compétence à s'orienter

- Développer sa capacité à se projeter professionnellement de manière cohérente avec sa compréhension de soi, de l'information scolaire et professionnelle et de son contexte (familial, social, économique, politique)

Déroulement et consignes

1. Rappeler d'abord qu'un des buts de la démarche de bilan de compétences est de déterminer un projet professionnel. Proposer un échange quant à la compréhension des participants du mot « projet ». *(10 minutes)*

2. Présenter la notion de projet inspirée de l'approche de Goguelin et Krau[33], qui insiste notamment sur l'interaction des pôles individu (soi) et environnement (l'autre), pour élaborer son projet. Les auteurs ont identifié quatre sous-projets, dont trois sont spécifiquement en lien avec l'autre (pouvoir, avoir, aimer) et un en lien avec soi (être). Ces quatre sous-projets correspondent à un projet social (pouvoir), un projet économique (avoir), un projet affectif (aimer) et à un projet de développement de soi (être). L'utilisation du document visuel résumant cette approche est recommandée. *(20 minutes)*

3. a) À l'aide de la fiche « Les thermomètres de mes projets », proposer une activité d'application facilitant la compréhension de cette approche.

b) Expliquer que le temps et l'espace influencent inévitablement les projets. Une journée compte 24 heures, dont environ huit heures sont consacrées à dormir; il reste ainsi près de 16 heures pour être actif afin de répondre à ses besoins. Cela suppose que l'on choisit consciemment ou inconsciemment de s'investir dans un axe plutôt qu'un autre. Demander aux personnes de définir la façon dont elles souhaitent répartir leur temps en fonction de leurs axes de projet.

---

33. *Projet professionnel, projet de vie*, Goguelin, P. et Krau. Collection Les hommes et l'entreprise, ESF, Paris. 1992.

Exemple 1 : Projet affectif (donner) : L'axe aimer est prioritaire[34].
Une personne décide d'arrêter de travailler ou de moins travailler. Ainsi, elle choisit de s'investir à fond dans son projet affectif (ex. : prendre soin de sa famille : enfants, parents, conjoint, etc.). Quels sont les impacts possibles de ce choix sur l'ensemble des axes de développement?

Exemple 2 : Projet développement de soi (ressentir) : L'axe être est prioritaire :
Une personne choisit une profession qui favorise le développement personnel. Elle accorde une grande importance à sa croissance et à celle des gens autour d'elle. Elle pourrait, par exemple, accorder une importance à sa croissance personnelle dans son travail, ce qui l'amènerait à prendre des décisions qui lui laissent cet espace-temps (ex. : travailler moins de 30 heures par semaine, choisir un travail qui lui permet de se développer). Quels sont les impacts possibles de ce choix sur l'ensemble des axes de développement?

Exemple 3 : Projet social (posséder) : L'axe pouvoir est prioritaire.
Une personne choisit de consacrer beaucoup de temps à augmenter son pouvoir. Grandement investie dans son travail, elle vise des postes qui lui permettent d'assumer davantage de responsabilités, d'avoir de l'autorité, etc. Quels sont les impacts possibles de ce choix sur l'ensemble des axes de développement? *(15 minutes)*

Exemple 4 : Projet économique (posséder) : L'axe avoir est prioritaire.
Une personne consacre beaucoup de temps à l'accumulation de biens matériels (salaire, immeubles, biens, avantages sociaux, etc.) par toutes sortes de moyens (emplois payants, faire beaucoup d'heures dans le but cumuler des biens, etc.). L'intention est de posséder face à l'autre. Quels sont les impacts possibles de ce choix sur l'ensemble des axes de développement?

4. Distribuer la fiche « Les thermomètres de mes projets ». Demander à chaque personne d'utiliser ces thermomètres par rapport à leur passé, leur présent et leur futur, en précisant quels axes (pouvoir, avoir, aimer, être) elle privilégie, a privilégié ou souhaite privilégier. Chaque thermomètre représente un axe de projet. Dans chaque espace-temps (passé, présent, futur), les 16 heures actives de la journée sont réparties entre ces quatre axes.

Cette activité donnera aux personnes l'occasion de prendre conscience des axes de développements qu'elles privilégient, c'est-à-dire où elles se sont investies jusqu'à maintenant dans leur vie personnelle et professionnelle. Elle clarifiera les axes de projet dans lesquels elles ont la motivation de s'investir dans le futur ou, au contraire, elle pourra aider une personne à constater qu'un de ses axes de projet a été ou est actuellement négligé. *(30 minutes)*

34. Les participants doivent comprendre que ce n'est pas la profession choisie qui caractérise l'axe de projet privilégié. L'axe de projet est plutôt déterminé par l'intention de la personne. Il est donc possible de choisir la profession de psychologue pour favoriser une certaine croissance personnelle (axe être) ou pour acquérir du prestige et un statut financier supérieur à la moyenne des gens (axes pouvoir et avoir). Ainsi, l'espace-temps varie d'un individu à l'autre, selon les motivations conscientes personnelles.

PAUSE *(15 minutes)*

5. Demander aux personnes de dire les constats qu'elles font à la suite de cette activité. Les amener à faire un lien entre ces constats et leur projet ainsi qu'entre les axes de projet et certains aspects de leur portrait professionnel (valeurs, compétences, exigences par rapport à l'emploi, etc.). Ainsi, la personne qui aura accordé une place prépondérante à la valeur famille, par exemple, fera l'association avec son désir et sa volonté de maintenir un investissement en temps important dans son projet affectif. *(15 minutes)*

6. Inviter les personnes à poursuivre leur énoncé de projet en utilisant l'outil « Mon projet professionnel et mes solutions de rechange »[35]. Compléter un énoncé de projet à partir du cas d'une personne volontaire dans le groupe. Préciser que la personne doit prévoir des compromis nobles afin de mieux faire face aux obstacles pouvant empêcher la réalisation optimale du projet. Ces compromis sont nobles lorsqu'ils sont cohérents avec la compréhension que la personne a développée d'elle-même (valeurs, intérêts et traits de personnalité).

7. Offrir du soutien personnalisé aux personnes qui éprouvent de la difficulté à rédiger leur énoncé de projet. Rappeler que le processus de chaque personne est unique. Dans ce sens, il est probable que l'énoncé de projet ne soit pas encore prêt à émerger de manière aussi définie que l'exige cette activité. Toutefois, il est important que la personne comprenne les sources de cette difficulté. Du temps est d'ailleurs prévu à l'horaire pour poursuivre cette activité. *(20 minutes)*

8. Inviter chaque membre à lire son énoncé de projet devant le groupe. Les autres membres peuvent ensuite poser des questions afin d'aider celui qui vient de présenter à clarifier son énoncé de projet. Cette activité offre une occasion de s'affirmer face à d'autres personnes dans son projet professionnel. Elle constitue aussi une source précieuse d'information sur les espoirs et les tensions vécus face à cet engagement dans un projet professionnel. *(25 minutes)*

9. Terminer cette activité en précisant l'importance d'apporter la fiche « Mon projet professionnel et mes solutions de rechanges » pour la prochaine activité « Présentation de mon projet ». Faire un tour de table afin de vérifier le niveau de satisfaction et les questions suscitées par cette activité. Préciser aux participants qu'ils pourront en discuter lors de leur prochaine rencontre individuelle. *(15 minutes)*

Matériel

- **Les quatre axes du projet professionnel et de vie**
- **Les thermomètres de mes sous-projets**
- **Mon projet professionnel et mes solutions de rechange**

35. Cette activité s'inspire de « Projet professionnel et compromis noble », de Limoges et Lahaie (1998). Elle a été adaptée au contexte d'une démarche de bilan de compétences.

Les quatre axes du projet professionnel et de vie

(Goguelin et Krau)

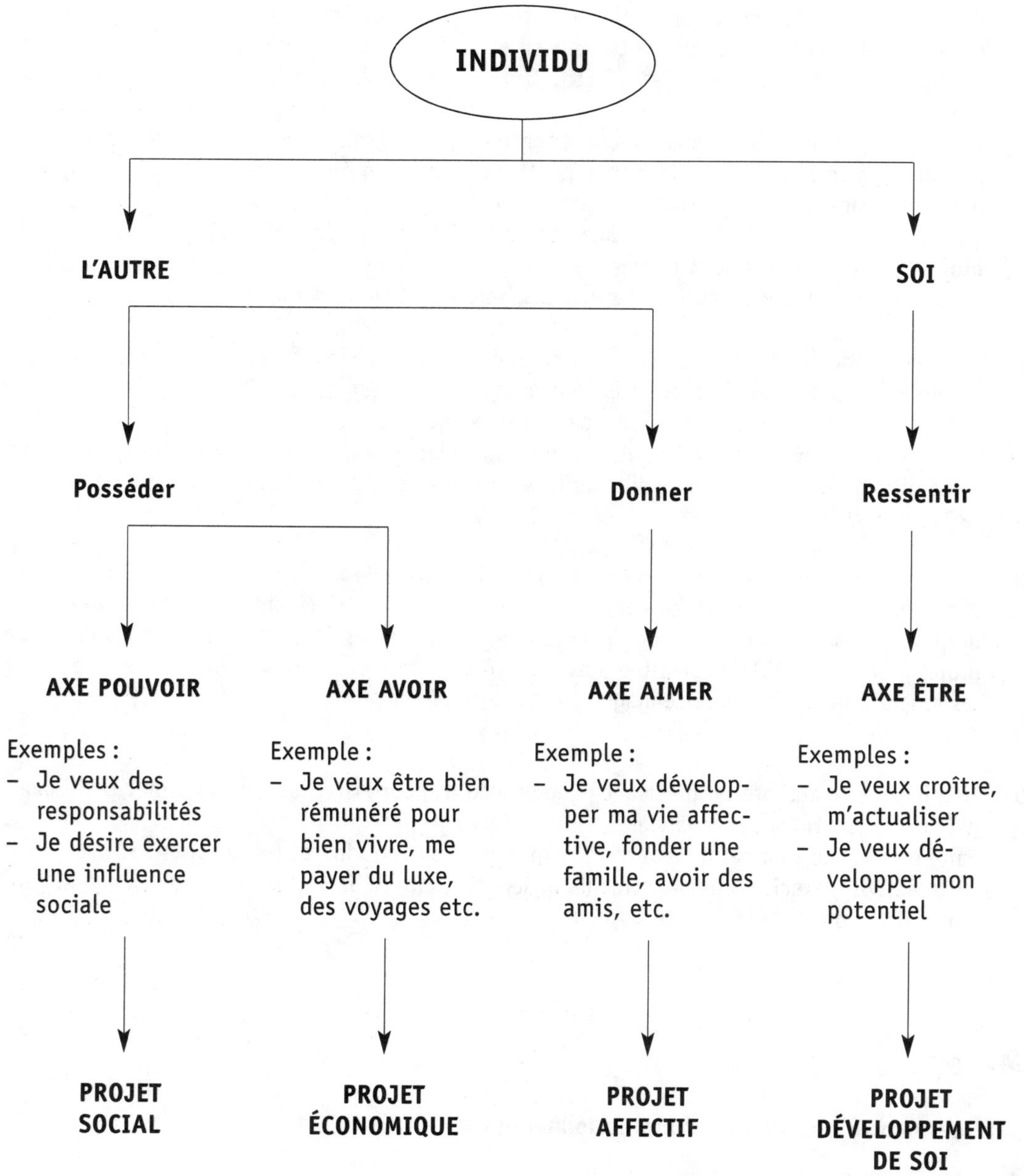

Les thermomètres de mes sous-projets

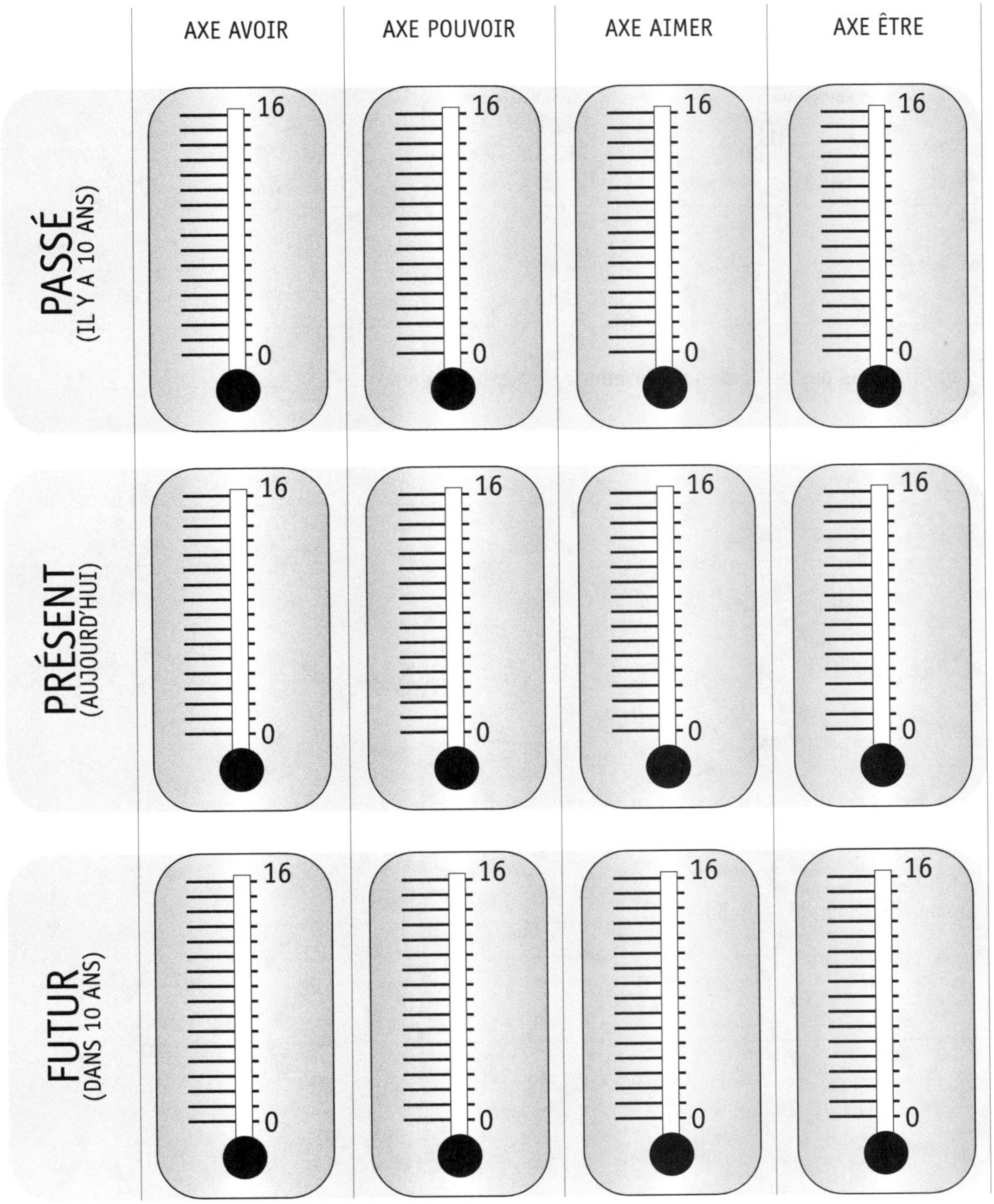

Mon projet professionnel et mes solutions de rechange

Moi ______________________________, personne ____________________,
qualité personnelle

____________________, ____________________, qui a comme bagage __________
qualité personnelle — qualité personnelle

____
Expériences et formations

____

____

____

et qui possède des compétences (exemple : travail de bureau) ____________________,

____________________, ____________________,

je vise ______________________________, dans le domaine

____.

Je veux le faire ____
conditions de travail

____

____.

Comme solutions de rechange, ______________________________________

____

____.

Exemple

Moi Brigitte, personne méthodique, débrouillarde, chaleureuse, qui a comme bagage plusieurs années comme réceptionniste, commis-comptable et diverses tâches administratives dans une entreprise familiale, qui possède un D.E.P. en secrétariat et qui est bilingue,

et qui possède des compétences en travail de bureau, service à la clientèle, administration,

je vise un poste de secrétaire administrative, dans le domaine de l'administration, du commerce et de l'informatique.

Je veux le faire à temps plein, sur une durée de quatre jours par semaine, avec un salaire d'au moins 13 $ de l'heure avec possibilité d'avancement.

Comme solution de rechange, j'envisage de travailler cinq jours par semaine, de commencer comme secrétaire sans responsabilité administrative (avec possibilité d'avancement.

Phase de PROSPECTIVE

Activité 16 : Présentation de mon projet

Objectifs

- Présenter son projet professionnel et recevoir des rétroactions constructives
- Compléter ou modifier son énoncé de projet professionnel à la lumière des rétroactions reçues

Compétences à s'orienter

- Développer sa capacité à se projeter professionnellement de manière cohérente avec sa compréhension de soi, de l'information scolaire et professionnelle et de son contexte (familial, social, économique, politique)
- Accroître sa capacité à formuler et à recevoir des rétroactions constructives

Déroulement et consignes

1. Avant de commencer l'activité, accueillir les personnes et leur demander comment elles envisagent leur dernière semaine de démarche de bilan de compétences en groupe. *(5 minutes)*

2. Présenter le jeu de rôle intitulé *Le conseil des sages*. Inviter les membres à s'imaginer qu'ils se transforment tous en grands sages. Autrement dit, ils deviennent des personnages symboliques qui représentent la sagesse. Leur rôle consiste à guider leurs collègues en validant ou en confrontant le réalisme des projets professionnels présentés. Les grands sages peuvent s'inspirer de la fiche « Mes facteurs de réalité » pour confronter le réalisme des projets. À tour de rôle, chaque membre présente son projet à ce conseil des sages. Préciser qu'une fois le projet présenté au conseil des sages la personne devra quitter le local afin que les sages délibèrent entre eux et préparent des rétroactions constructives pour soutenir la personne dans la construction et la consolidation de l'énoncé de son projet professionnel. *(5 minutes)*

3. L'animateur doit s'assurer que l'argumentation et les commentaires sont constructifs et que la discussion se déroule dans le respect de la personne[36]. À tour de rôle, chaque grand sage devient représentant du conseil en procédant à la lecture du compte-rendu des rétroactions. *(25 minutes par participant, cinq minutes pour la lecture et 10 minutes pour le conseil des sages).*

36. Il est recommandé d'avoir de l'assistance pour animer cette activité, ou de former deux sous-groupes et de prévoir deux demi-journées.

4. La personne revient dans le groupe, reçoit les commentaires des sages et y réagit. *(10 minutes)*

5. Recommander aux personnes dont l'énoncé de projet n'est pas finalisé de poursuivre sa clarification. Rappeler que la révision ou la correction de leur portfolio se fera en après-midi. Pour ce faire, inviter les personnes à former des sous-groupes afin de bénéficier de l'entraide des autres membres dans la correction des portfolios. *(10 minutes)*

Matériel

Facteurs de réalité

Facteurs de réalité

Voici des exemples de facteurs de réalité
qui sont souvent à considérer dans
l'élaboration d'un projet professionnel.

Mobilité

Vie de couple

Enfants

Transport

Moyens financiers/dettes accumulées

Santé physique et psychologique

Problème de dépendance

Dossier criminel

Dossier scolaire

Capacité intellectuelle

Religion

Sexe

Âge

Etc.

Phase de RÉALISATION

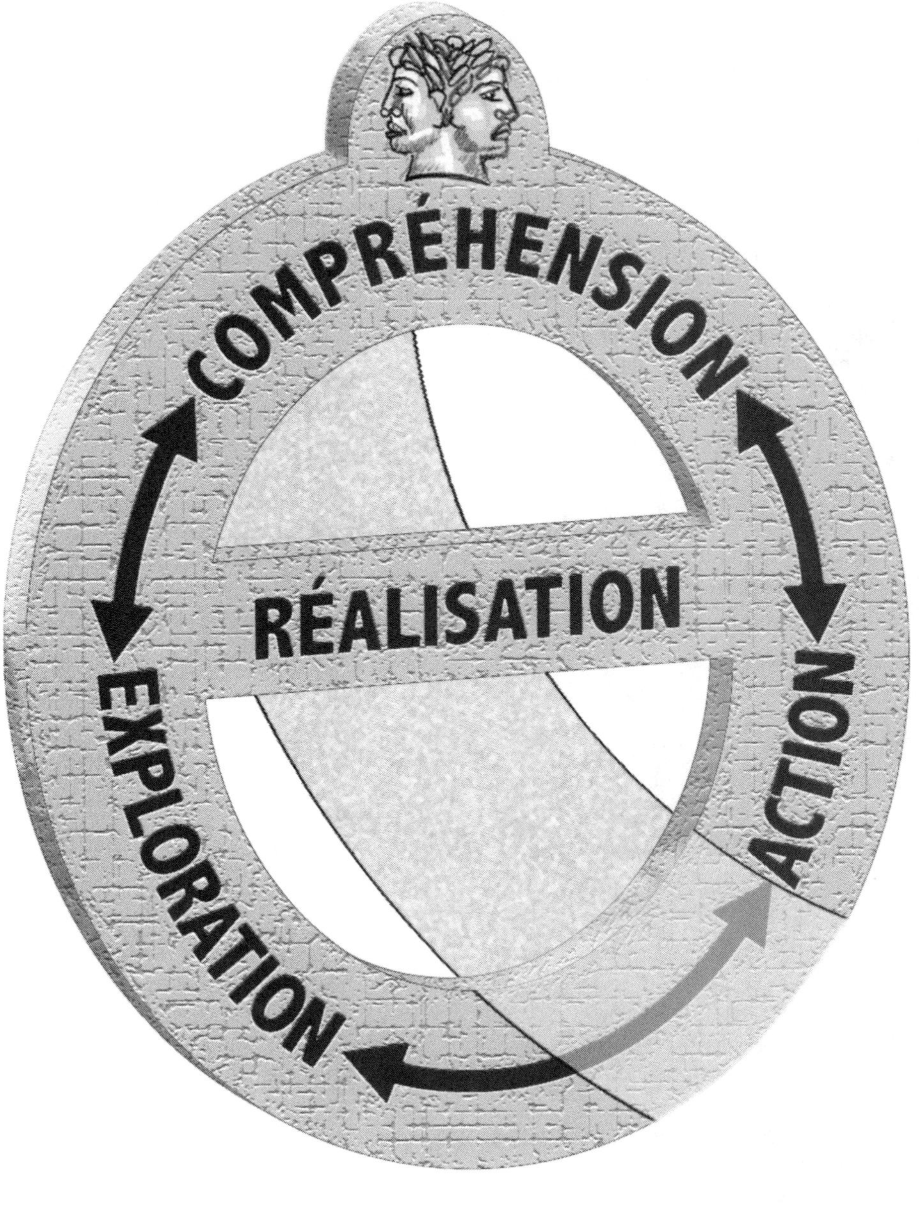

Illustration : Patrick Bizier

Phase de RÉALISATION

Activité 17 : Plan d'action

Objectifs

- Identifier ses besoins pour réaliser son projet
- Déterminer les séquences d'actions à poser et leur échéance afin de favoriser la motivation et la persévérance dans la réalisation de son projet
- Valider son plan d'action auprès d'autres personnes significatives (membres du groupe, conjoint, famille, conseillère, etc.)

Compétences à s'orienter

- Développer sa capacité à agir de manière cohérente avec sa compréhension de soi en planifiant des actions concrètes pour réaliser un projet

Déroulement et consignes

1. Inviter les membres du groupe à dire ce que représente pour eux un plan d'action et quelle est son utilité. Au besoin, compléter avec les informations suivantes : un plan d'action, c'est un ensemble d'objectifs et de moyens précis permettant de réaliser un projet. C'est une description des actions que la personne a l'intention d'accomplir, et des dates prévues pour leur réalisation.

Le plan d'action est utile pour :
- stimuler, agir comme moteur
- préciser les urgences et ne rien oublier
- savoir où l'on est rendu et où l'on va
- s'épargner des démarches inutiles et mieux gérer notre temps
- inciter au dépassement
- préciser les délais d'action
- constater sa progression dans la réalisation de son projet *(20 minutes)*

Il importe de préciser que le plan d'action n'est pas un plan rigide, mais une direction dans la réalisation de son projet. En tout temps, l'individu peut modifier sa trajectoire, que ce soit par goût personnel ou en fonction des occasions qui se présentent à lui.

2. Présenter l'image d'une montagne (voir p. 201) et recueillir les impressions des participants. Mentionner que l'on peut comparer le plan d'action à un itinéraire pour gravir une montagne. Afin d'identifier le parcours à suivre dans la réalisation du projet, il importe que le plan d'action débute là où la personne se situe à ce moment précis et non pas là où elle souhaiterait être rendue. *(15 minutes)*

3. Remettre le cahier « Plan d'action » aux participants et lire avec eux l'adaptation du texte sur l'engagement de Von Goethe (1817) (voir à la page 203). Solliciter des réactions des participants à la suite de cette lecture. *(15 minutes)*

4. Présenter la première partie du plan d'action (projet à court, à moyen, à long terme et solutions de rechange). Inviter les participants à écrire leurs projets à court, à moyen et à long terme et leur offrir le soutien nécessaire. Certaines personnes peuvent avoir besoin de consulter de l'ISEP pour compléter leur plan d'action. *(10 minutes)*

5. Poursuivre la présentation des différentes parties du plan d'action. Voici un tableau extrait du plan d'action.
   La colonne « Priorité » correspond à l'ordre de priorité pour la réalisation des différentes actions.

EXTRAIT DU PLAN D'ACTION

Priorité	**Besoin(s)**	**Quoi faire?** (Moyens concrets, actions)	**Quand?**	**Réalisé**	**Degré de certitude**

Obstacles ou pièges	**Ressources ou soutien**

La colonne « Besoin(s) » regroupe l'ensemble des besoins que la personne veut combler, que ce soit sur le plan professionnel, personnel ou de la recherche d'emploi. La colonne « Quoi faire? » réfère aux actions concrètes qui doivent être posées pour répondre aux besoins. La colonne « Quand? » vient préciser l'échéance de réalisation des actions. La colonne « Réalisé » indique les actions complétées. À la colonne « Degré de certitude », la personne doit évaluer les chances qu'elle a de mener à bien les actions ciblées. Cette prise de conscience permet de réajuster au besoin les actions à poser. Au bas du tableau, deux cases servent à indiquer les obstacles ou les pièges, ainsi que les ressources ou le soutien qui pourraient avoir un impact sur la réalisation des actions identifiées. *(15 minutes)*

6. Inviter les personnes à rédiger individuellement leur plan d'action. À cette étape, il peut être utile de présenter les différentes ressources (communautaires ou autres) de la région qui sont à leur disposition pour les aider à réaliser leur plan d'action (par exemple, un club de recherche d'emploi, des programmes ponctuels offerts par Emploi-québec ou les centres de formation, CLSC, etc. *(50 minutes)*

PAUSE *(15 minutes au besoin, pendant la rédaction)*

7. Une fois le plan d'action rédigé, inviter les membres échanger avec une autre personne et à valider le réalisme de leur plan d'action en lien avec leurs propres facteurs de réalité. *(40 minutes)*

8. Terminer cette activité en demandant à chacun d'exprimer son degré de satisfaction par rapport à son plan d'action. Proposer aux personnes d'inscrire à leur plan d'action la rencontre de suivi de leur groupe de bilan de compétences qui aura lieu dans un mois[37]. *(15 minutes)*

Matériel

- **Photo de la montagne**
- **Cahier « Plan d'action »[38]**
- **Exemples de besoins pour les trois volets du plan d'action**

---

37. Ce délai est suggéré pour favoriser le maintien du soutien et de l'entraide développé au sein du groupe.

38. Le plan d'action doit être présenté sous forme d'un cahier de quatre pages.

Cahier « Plan d'action »

Mon projet à court terme est : ______________________________

Solution(s) de rechange : ______________________________

Mon projet à moyen terme est : ______________________________

Solution(s) de rechange : ______________________________

Mon projet à long terme est : ______________________________

Solution(s) de rechange : ______________________________

L'engagement

Tant qu'on ne s'est pas engagé, persistent l'hésitation et la possibilité de se retirer. Un sentiment d'inefficacité peut nous habiter.

Il y a toutefois une vérité élémentaire, dont l'ignorance a déjà miné nombre de grandes idées et de plans merveilleux. Dès l'instant où l'on s'engage, la providence intervient, il se produit alors toutes sortes de choses qui, autrement, ne seraient pas arrivées.

Toute une série d'évènements jaillissent de la décision de s'engager, comme pour l'appuyer par toutes sortes d'incidents imprévus, de rencontres et de secours matériel dont on n'aurait jamais rêvé.

Quoi que vous puissiez faire, quoi que vous rêviez de faire, entreprenez de le faire. L'audace donne du génie, de la puissance, de la magie...

Mais commencez maintenant...

Johan Wolgang Von Goethe

Poésie et vérité, 1817

MES ACTIONS SUR LE PLAN PROFESSIONNEL

Priorité	Besoin(s)	Quoi faire? (Moyens concrets, actions)	Quand?	Réalisé	Degré de certitude

Obstacles ou pièges	Ressources ou soutien

MES ACTIONS SUR LE PLAN DE LA RECHERCHE D'EMPLOI

Priorité	Besoin(s)	Quoi faire? (Moyens concrets, actions)	Quand?	Réalisé	Degré de certitude

Obstacles ou pièges	Ressources ou soutien

MES ACTIONS SUR LE PLAN PERSONNEL

Priorité	Besoin(s)	**Quoi faire?** (Moyens concrets, actions)	Quand?	Réalisé	Degré de certitude

Obstacles ou pièges	**Ressources ou soutien**

Exemples de besoins pour les trois volets du plan d'action

SUR LE PLAN PROFESSIONNEL	SUR LE PLAN DE LA RECHERCHE D'EMPLOI	SUR LE PLAN PERSONNEL
• Suivre une formation (préciser laquelle) • Acquérir de l'expérience • Suivre une formation continue ou de mise à niveau • Approfondir sa connaissance d'un métier ou d'une profession visé • Perfectionner sa maîtrise de l'anglais • Augmenter ses connaissances en informatique	• Mettre son curriculum vitæ à jour • Dresser une liste d'employeurs • Trouver des emplois non affichés • Développer un réseau de contacts • Avoir un soutien moral dans sa recherche d'emploi • Maintenir sa motivation en recherche d'emploi	• Améliorer ses relations interpersonnelles • Augmenter sa confiance en soi, son estime de soi • Apprendre à analyser sa colère (ou toute autre émotion) • Se reposer pour refaire le plein d'énergie • Maintenir sa motivation dans la réalisation de son projet • Avoir une meilleure structure de vie

Activité 18 : Évaluation et clôture

Objectifs

- Évaluer la démarche de bilan de compétences et donner au besoin des pistes d'amélioration du programme
- Donner et recevoir des rétroactions constructives

Déroulement et consignes

1. Première partie : évaluation. Évaluer le degré de satisfaction des participants à la démarche de bilan de compétences[39] à l'aide du formulaire d'évaluation. Inviter les personnes à se prononcer sur les éléments techniques du programme, sur l'animation et sur le déroulement. L'évaluation a pour but de faire ressortir les points forts et les points à améliorer dans la démarche. *(60 minutes)*

2. Deuxième partie : clôture. L'essentiel est de créer un espace où les personnes impliquées dans la démarche puissent s'exprimer et donner de la rétroaction aux autres. Bien que le contenu puisse être différent d'un groupe à l'autre, nous présentons un exemple de déroulement. *(120 minutes)*

Voici un exemple d'une activité de clôture

L'altitude

1. Présenter les objectifs de la clôture en soulignant qu'il est naturel d'être secoué par la séparation imminente du groupe auquel les participants appartiennent depuis quatre semaines. Préciser qu'il s'agit d'un espace-temps pour vivre cette fin.

2. Lire un texte qui amènera les participants à se détendre et à effectuer une rétrospective de leur démarche de bilan de compétences.

3. Distribuer ensuite des cartes personnalisées. Demander à chaque personne de rédiger en quelques mots un commentaire aux autres membres du groupe (par exemple, ce qu'elle a apprécié, ce qu'elle leur souhaite, etc.). Ce commentaire permet de terminer sur une note positive et authentique. Il est à noter que les intervenantes et intervenants participent également à cet échange.

---

39. Pour favoriser la liberté d'expression des participantes et participants, il est suggéré que cette évaluation soit faite par une personne qui n'a pas été impliquée dans l'animation de la démarche (par exemple, une directrice ou la coordonnatrice).

4. Inviter les membres à se mettre en cercle et à tenir une corde[40]. Suggérer que la corde représente le lien qu'ils ont entretenu au cours de la démarche, alors que les nœuds représentent chaque personne. Amener les personnes à exprimer quelque chose de significatif dans le cadre de cette clôture. Quand ils se sentent prêts, les inviter à couper la corde et à garder le nœud, qui constitue un souvenir de leur participation à cette démarche de bilan de compétences en groupe.

5. Terminer en mentionnant qu'une rencontre de suivi de groupe aura lieu à la date déterminée dans l'horaire.

Matériel

- **Formulaire d'évaluation**
- **Texte *L'altitude***

40. Se procurer une corde dans laquelle on a préalablement fait le nombre de nœuds correspondant aux membres du groupe et aux personnes de l'équipe d'intervenants. Laisser environ 20 centimètres entre chaque nœud.

Formulaire d'évaluation

Insatisfaisant	À améliorer	Satisfaisant	Très satisfaisant	Ne s'applique pas
1	2	3	4	n/a

Évaluation

☐ 1. La démarche m'a permis d'identifier un projet :

1er projet : ____________________

2e projet : ____________________

Sinon, pourquoi : ____________________

____

☐ 2. J'ai précisé un plan d'action en identifiant les étapes à suivre et le temps nécessaire pour réaliser mon projet.

☐ 3. Les outils et exercices proposés durant la démarche m'ont aidé.

☐ 4. Le test psychométrique m'a aidé dans ma démarche.

☐ 5. Le nombre de rencontres individuelles était satisfaisant.

6. Au centre de documentation :

☐ • j'ai eu accès aux informations dont j'avais besoin pour faire mon choix.

☐ • j'ai été bien guidé dans l'utilisation des différentes sources d'informations scolaires et professionnelles.

☐ 7. J'ai apprécié les services reçus par ma conseillère ou mon conseiller.

J'ai aimé...

Je n'ai pas aimé...

J'ai appris...

J'ai trouvé difficile...

Le programme va m'aider à...

Mes suggestions pour améliorer le programme...

Texte *L'altitude*

L'ALTITUDE

Il était une fois,
une personne
qui voyait grand,

aussi grand que son cœur
qui était très grand.

Pour voir grand, elle voulut voir loin.
Elle entreprit donc de gravir un pic de la contrée appelé
« Bilan de compétences ».

Elle prépara soigneusement son bagage,
et s'associa aux meilleurs alpinistes pour former une cordée.

La grande aventure les attendait.
La montée fut longue,
parfois sinueuse,
parfois abrupte.

Quand survint la fatigue, ils s'épaulèrent,
ils montèrent le camp pour partager histoires, rires et peines.

Chaque alpiniste à son tour
reprit la route et ouvrit la voie aux autres.

Au sein du groupe, on sentait bien la force de la corde qui les reliait.
Chaque participant soutint l'autre en se centrant sur ses forces.

La corde, tantôt souple, tantôt tendue, fut l'assurance
de ne pas perdre le chemin, de rester en lien avec les autres.

Au fur et à mesure que le groupe prit de l'altitude,
l'air se raréfia et la beauté fut parfois à couper le souffle.

Le besoin de s'arrêter, de respirer et d'admirer le paysage se fit sentir.
Cela apporta un regard neuf
et l'envie d'aller explorer des contrées inconnues,
porteuses de nouvelles réalisations.

L'équipe du bilan de compétences te souhaite une bonne continuité
dans la réalisation de ton projet.

Phase de RÉALISATION

Activité 19 : Suivi de groupe

Objectifs

- Recevoir du soutien dans la réalisation de son plan d'action
- Identifier des ressources personnelles et environnementales dans la réalisation de son projet et dans la poursuite de la réalisation de son plan d'action
- Partager son vécu avec les autres personnes du groupe depuis la fin de la démarche

Compétence à s'orienter

- Développer sa capacité à agir de manière cohérente avec sa compréhension de soi, en posant des actions concrètes pour réaliser son projet.

Déroulement et consignes

1. Inviter les personnes à partager leur vécu depuis la fin de la démarche en lien avec la réalisation de leur projet et avec la poursuite de la réalisation de leur plan d'action. *(15 minutes)*

2. Leur demander d'indiquer leurs fiertés du mois. Les inciter à trouver au moins une fierté. *(Environ 60 minutes, le temps variant selon le nombre de participants)*

3. Amener les participants à signaler les difficultés rencontrées dans la réalisation du plan d'action. Situer les besoins de soutien de chacun. Demander aux autres participants d'aider la personne à identifier des moyens pour répondre à ses besoins. Inciter les participants à préciser quels réseaux d'entraide sont possibles. *(De 60 à 90 minutes selon les besoins et le nombre de participants)*

4. Terminer l'activité en demandant aux participants dans quel état ils repartent. Encourager l'entraide entre les participants du groupe.

CONCLUSION

Le bilan de compétences constitue une approche privilégiée pour répondre aux divers besoins des adultes en questionnement par rapport à leur cheminement professionnel et personnel. On constate l'efficacité de cette démarche autant à travers des études européennes qu'à travers les données que nous avons recueillies au cours de nos 11 années de pratique. Cela nous amène à poser l'hypothèse que cette pratique s'est installée et qu'elle continuera à se développer au cours des prochaines années. Ce constat d'efficacité du bilan de compétences a provoqué, au COREE et dans plusieurs autres milieux, un engouement pour l'accompagnement de cette clientèle adulte en remise en question par rapport à sa vie professionnelle.

Depuis des années, des travailleurs ressortent de cette démarche avec, une meilleure connaissance de leurs compétences, une plus grande estime d'eux-mêmes et un projet professionnel plus défini. Autant en groupe qu'en démarche individuelle, l'approche proposée permet de rejoindre des adultes de différentes conditions (en emploi ou chômeurs) ce, dans divers contextes d'intervention (communautaire, scolaire ou en entreprise). Des applications nouvelles sont d'ailleurs en émergence : par exemple, auprès de préretraités qui pourraient planifier, avec le bilan, une fin satisfaisante à leur carrière ou une continuité plus ajustée à leurs exigences de fin de carrière.

Au cours de ce projet d'écriture, l'importance de dégager un modèle de bilan de compétences s'est imposée pour nous. Nous trouvions essentiel que le développement du bilan de compétences s'appuie sur des bases théoriques rigoureuses. En effet, il nous importait que cette pratique en essor repose sur des concepts théoriques et sur un modèle inspiré de la pratique en contexte québécois. Tout en vous inspirant de nombreux écrits et pratiques européens nous avons dégagé des particularités qui, nous l'espérons, générerons des développements scientifiques et pratiques dans le domaine de l'orientation, plus spécifiquement, sur le thème du bilan de compétences. Notamment, nous avons constaté que peu de recherches sur l'efficacité des démarches de bilan de compétences avaient été menées en comparaison des multiples pratiques développées en Europe et au Québec. Cela laisse entrevoir des développements scientifiques stimulants pour les années à venir.

Nous espérons que cet ouvrage contribuera à stimuler l'intérêt à rendre accessible des programmes de bilan de compétences à des adultes de tous statuts professionnels. Dans une perspective d'orientation tout au long de la vie, nous croyons que la demande pour ce type de service ira en augmentant et que nous devons être proactifs, proactives, pour offrir au plus grand nombre, des services répondant à leur besoins.

Cordialement,

Guylaine Michaud, Ph. D., c.o.
Patricia Dionne, M.A., c.o.
Ginette Beaulieu, M. Ed, c.o.

BIBLIOGRAPHIE

ANZIEU, Didier. *Créer – Détruire*, coll. Psychismes, Paris, Dunod, 1996.

BACHELOR, Alexandra et Adam O. HORVATH. « The Therapeutic Relationship », dans HUBBLE, Mark. A., Barry L. DUNCAN et Scott D. MILLER, *The Heart & Soul of Change – What Works in Therapy*, Washington, American Psychological Association, 1999, p. 133-178.

BANDURA, Albert. *Social Learning Theory*, Englewood Cliffs, Prentice Hall, Toronto ,Prentice-Hall of Canada, 1976.

BANDURA, Albert. (2003). *Auto-efficacité : le sentiment d'efficacité personnelle*. Paris : De Boeck Université (1re éd. 2003).

BATAILLE, Michel, Christine MIAS et Michèle SAINT-JEAN. « L'accompagnement de l'implication dans le projet issu du bilan », dans *Orientation scolaire et professionnelle*, vol. 32, nº 1, 2003, p. 97-122.

BÉLISLE, Rachel. *Pluralité du rapport à l'écrit d'acteurs œuvrant en milieux communautaires auprès de jeunes adultes peu scolarisés*, Thèse (Ph. D.) en éducation, Université de Sherbrooke, 2003, 370 p.

BLANCHARD, Serge. « Les démarches de bilan de compétences. Contexte, effets, rôles du conseiller » dans *Actes du colloque de Caen*, Berne, Peter Lang, 2004.

BORDIN, Edward S. « Theory and Research on the Therapeutic Working Alliance : New Directions », dans HORVATH Adam O. et Leslie. S. GREENBERG. *The Working Alliance – Theory, Research, and Practice*, New York, John Wiley and Sons, 1994, p.13-37.

BOTTEMAN, André E. « Apparition et développement de la notion d'intérêt en psychologie : quelques repères historiques », dans *Carriérologie*, vol. 10, nº 1, 2005, p. 45-73.

BOUTINET, Jean-Pierre. *Anthropologie du projet*, coll. Quadrige, Paris, Presses universitaires de France, 2004, 384 p.

BOUTINET, Jean-Pierre. *Vers une société des agendas – Une mutation de temporalités*, Paris, Presses universitaires de France, 2004, 272 p.

BRIDGES, William. *Managing Transitions : Making the Most of Change*, New York, Addison-Wesley, 1991, 369 p.

BROWN, Molly Young. *Le déploiement de l'être – La relation d'aide en psychosynthèse*, Québec, Centre d'intégration de la personne, 1984, 221 p.

BRUN, Jean-Pierre, Caroline BIRON, Josée MARTEL et Hans IVERS. *Évaluation de la santé mentale au travail – Une analyse des pratiques de gestion des ressources humaines*, rapport nº R-342, Montréal, Institut de recherche Robert-Sauvé en santé et en sécurité au travail (IRSST), 2003, 99 p.

CAMUS, Odile « Le bilan de compétences : appropriation d'informations sur soi ou mise en conformité de l'autoprésentation? », dans *Éducation permanente*, vol. 155, nº 2, 2003, p. 119-137.

CONSEIL EUROPÉEN EXTRAORDINAIRE DE LISBONNE. *Vers une Europe de l'innovation et de la connaissance*, mars 2000 [europa.eu/scadplus/leg/fr/cha/c10241.htm]

CONSEIL DU STATUT DE LA FEMME. *Travailler autrement : pour le meilleur ou pour le pire? – Les femmes et le travail atypique*, recherche n° 200-02-R, Québec, 2000.

DAWIS, Rene V. « The Theory of Work Adjustment and Person-Environment-Correspondence Counseling », dans BROWN, Duane, L. BROOKS et autres. *Career Choice and Development*, 3e éd., San Francisco, Jossey-Bass, 1996, p. 75-120.

DIONNE, Patricia. *Les valeurs de travail et l'attachement organisationnel des diplômés et diplômées du post-secondaire œuvrant au sein d'organismes communautaires*, Mémoire (M.A.). Faculté de l'éducation, Université de Sherbrooke, 2003.

DUBAR, Claude. *La crise des identités – L'interprétation d'une mutation*, Paris, Presses universitaires de France, 2000, 239 p.

DUBÉ, Vincent. « Les mal-aimés du marché du travail », dans *Perspective*, vol. 5, n° 4, été 2004. Statistique Canada. Document accessible à l'adresse : [www.statcan.ca/francais/studies/75-001/archive/f-pdf/f-0423.pdf]

DUBIN, Robert, Joseph E. CHAMPOUX et Lyman W. PORTER. « Central Life Interests and Organizational Commitment of Blue Collar and Clerical Workers », dans *Administrative Science Quarterly*, vol. 20, 1975, p. 411-421.

FÉRIEUX, Dominique et Danielle CARAYON. « Impacts du bilan des compétences sur le positionnement personnel et professionnel : étude réalisée auprès de chômeurs longue durée », dans *Revue européenne de psychologie appliquée*, vol. 48, n° 4, 1998, p. 251-259.

FINEMAN, Stephen. *Emotion in Organizations*, 2e éd., London, Thousand Oaks, 2000, 230 p.

FONDS MONÉTAIRE INTERNATIONAL. *La mondialisation : Faut-il s'en réjouir ou la redouter?* [www.imf.org/external/np/exr/ib/2000/fra/041200f.htm] (Consulté le 27 novembre 2005).

FRANÇOIS, Pierre-Henri. « Bilan de compétences et motivation : pour l'utilisation de la théorie expectation/valence en bilan, perspective d'application et de recherches », dans *Revue européenne de psychologie appliquée*, vol. 48, 1998, p. 275-282.

GAUDRON, Jean-Philippe et Stéphanie ARAUD. « Pour le développement d'une conception systémique des intérêts », dans *Carriérologie – Revue francophone internationale*, vol. 10, n° 1, 2005, p. 165-181.

GAUDRON, Jean-Philippe, Jean-Luc BERNAUD et Claude LEMOINE. « Évaluer une pratique d'orientation professionnelle pour adultes : les effets individuels du bilan de compétences », dans *l'Orientation scolaire et professionnelle*, vol. 30, n° 4, 2001, p. 485-510.

GAUDRON, Jean-Philippe, Nathalie CAYASSE et Valérie CAPDEVIELLE. « Bilan de compétences et transition professionnelle : réduire ou produire de l'incertitude », dans *l'Orientation scolaire et professionnelle*, vol. 30, n° 1, 2001, p. 87-108.

GAUDRON, Jean-Philippe et Sandrine CROITY-BELZ. « Bilan des compétences : état des recherches sur les processus psychologiques en jeu », dans *Psychologie du travail et des organisations*, vol. 2, 2005, p. 110-114.

GLASSER, William. *La liberté de choisir*, Montréal, Éditions Logiques, 1998, 381 p.

GOGUELIN, Pierre et Edgar KRAU. *Projet professionnel, projet de vie.* Paris, ESF éditeur, 1992, 194 p.

GUICHARD, Jean. *Les pratiques en orientation comme aide à la construction de soi. Esquisse d'une modélisation de la question de société sous-jacente*, Communication présentée au symposium « L'orientation tout au long de la vie », au congrès de l'Association internationale de psychologie du travail de langue française, Bologne, Italie, 26-29 août 2004.

GINGRAS, Marcelle, et autres. *Prestation de services et élaboration de produits d'information sur le marché du travail. Revue de littérature.* Sherbrooke, Université de Sherbrooke, Faculté d'éducation, Secteur orientation professionnelle, 2001.

HOUDE, Renée. *Les temps de la vie – Le développement psychosocial de l'adulte,* 3e éd. Boucherville, Gaétan Morin éditeur, 1999, 449 p.

INSTITUT DE LA STATISTIQUE DU QUÉBEC. *Tableaux statistiques : nombre d'emplois selon le statut et la permanence et répartition selon les sexes au Québec*, 2003, [www.stat.gouv.qc.ca/] (Consulté le 5 janvier 2004).

JAMES, Muriel et Dorothy JONGEWARD. *Naître gagnant – L'analyse transactionnelle dans la vie quotidienne*, Paris, Inter Éditions, 1978, 336 p.

LAVE, Jean et Etienne WENGER. *Situated Learning – Legitimate Peripheral Participation*, Cambridge, Cambridge University Press, 1991, 138 p.

LE BOTERF, Guy. *De la compétence – Essai sur un attracteur étrange*, Paris, Les Éditions d'Organisation, 1994, 175 p.

LE BOTERF, Guy. *Construire les compétences individuelles et collectives*, coll. Livres outils, 4e éd., Paris, Les Éditions d'Organisation, 2004, 272 p.

LE BOTERF, Guy. *Développer la compétence des professionnels – Construire les parcours de professionnalisation*, Paris, Les Éditions d'Organisation, 2002, 311 p.

LE BOTERF, Guy. *Construire les compétences individuelles et collectives – Les réponses à 90 questions*, (3e éd.), Paris, Les Éditions d'Organisation, 2004, 244 p.

LECLERC, Marie-Hélène. *Les organismes communautaires : un ghetto ou un lieu d'affirmation pour les travailleuses?* Mémoire (M.A.), Faculté d'éducation, Université de Sherbrooke, 2003.

LECOMTE, C. et Réginald SAVARD. « De l'évaluation externe à l'évaluation interne en orientation », dans *La place de l'évaluation dans le processus d'orientation professionnelle des adultes,* Actes du colloque, Lille, AFPA, 2003, p. 59-67.

LECOMTE, C. et Réginald SAVARD. « Entretien de conseil et bilan de compétences », dans PELLOIS Christian, Jean VIVIER, Jacques AUBRET et Jean-Pierre BOUTINET, *Bilan de compétences et mutations : l'accompagnement de la personne, Actes du colloque de Caen, 18-19 octobre 2001*, Bern, Peter Lang, 2004, p. 189-204.

LHOTELLIER, Alexandre. « La grande illusion du projet préfabriqué », dans *Carriérologie,* vol. 6, nos 3 et 4, 1997, p. 105-115.

LHOTELLIER, Alexandre. « L'acte de tenir conseil », dans *l'Orientation scolaire et professionnelle*, vol. 29, no 1, 2000, p. 27-50.

LIMOGES, Jacques. *L'orientation et les groupes dans une optique carriérologique*, Montréal, Fides, 1989, 122 p.

LIMOGES, Jacques. et Réjeanne. LAHAIE. *OPTRA – Programme cadre d'insertion professionnelle*, Québec, Éditions Septembre, 1998, 440 p.

LIMOGES, Jacques, C. LAMPRON, et C. SÉGUIN. *Au premier tiers de la trajectoire de sa carrière – Guide d'animation du plan et devis*. Sherbrooke, Les Éditions GGC, 2004, 77 p.

LIMOGES, Jacques, Denise PAUL et Raymond P. HÉBERT. *Le développement du moi*, Sherbrooke, Éditions du CRP, 1993, 128 p.

MALENFANT Romaine, Andrée LARUE, Mylène JETTÉ et CLSC-CHSLD Haute-Ville-Des-Rivières. *Intermittence en emploi et vie familiale : le soutien fait la différence*, Québec, CLSC-CHSLD Haute-Ville-des-Rivières, 2002, 155 p.

MATTE, Bernard. *Contribution de l'analyse et de l'information sur le marché du travail à la prospérité économique : exemples récents et pistes d'avenir pour le Québec*, Communication présentée au Forum national sur l'information et le marché du travail (IMT), Halifax, 9 novembre 2005.

MELLOUKI, M'Hammed et Mario BEAUCHEMIN. « L'orientation scolaire et professionnelle au Québec : l'émergence d'une profession 1930-1960 », dans *Revue d'histoire de l'Amérique française (RHAF)*, vol. 48, n° 2, 1994, p. 213.

MICHAUD, Guylaine. *Étude du transfert des apprentissages dans le cadre de démarches de counseling d'orientation*. Thèse (Ph. D.) en éducation, Université de Sherbrooke, 2003.

MICHAUD, Guylaine. « La personne face aux changements : transférer ses compétences », dans *Bilan de compétences et mutations : L'accompagnement de la personne, Actes du colloque de l'Université de Caen, 18-19 octobre 2001*, Bern, Peter Lang, 2003.

MICHAUD, Guylaine. « Développer la compétence à s'orienter par le transfert des apprentissages en counseling d'orientation », dans *Carriérologie*, vol. 10, n°s 3 et 4, 2005, p.629-647.

MICHAUD, Guylaine, Patricia DIONNE et Ginette BEAULIEU. « L'efficacité du bilan de compétences », 2006. [À paraître] dans *Revue canadienne de counseling*, numéro spécial.

MINISTÈRE DE L'ÉDUCATION DU QUÉBEC. *Programme de formation de l'école québécoise*, Québec, Le ministère, 2001.

MINISTÈRE DE L'ÉDUCATION DU QUÉBEC. *Programme de formation de l'école québécoise. Version approuvée. Enseignement secondaire, premier cycle*, Québec, Le ministère, 2003.

MILLET-BARTOLI, Françoise. *La crise du milieu de la vie – Une deuxième chance*, Paris, Odile Jacob, 2002, 224 p.

MORIN, Estelle M. « Promouvoir la santé au travail : donner un sens au travail », dans *Travail et santé psychologique : Crise actuelle et voies de solutions*, Actes du colloque de l'Ordre des conseillers en ressources humaines et en relations industrielles agrées du Québec, Sherbrooke, 2004, p.1-19.

NUTTIN, Joseph. *Théorie de la motivation humaine*, Paris, Presses universitaires de France, 1980, 383 p.

ORDRE PROFESSIONNEL DES CONSEILLERS ET CONSEILLÈRES D'ORIENTATION DU QUÉBEC (OPCCOQ). *Une orientation adéquate : un préalable vers l'insertion, la formation et l'emploi,* Mémoire présenté à la Commission des affaires sociales dans le cadre de la consultation publique sur la réforme de la sécurité du revenu, Montréal, Mai 1997.

ORDRE PROFESSIONNEL DES CONSEILLERS ET CONSEILLÈRES D'ORIENTATION DU QUÉBEC (OPCCOPPQ). « Nouveau champ de pratique », Dans *Orientation Nouvelles*, vol. 32, n° 4, 2000, p. 24.

ORGANISATION DE COOPÉRATION ET DE DÉVELOPPEMENT ÉCONOMIQUE (OCDE). *Investir dans les compétences pour tous,* Communiqué, Réunion des ministres de l'éducation des pays de l'OCDE, Paris, 3 et 4 avril 2001.

PEACOCK, Fletcher. *Arroser les fleurs, pas les mauvaises herbes*, Montréal, Éditions de l'Homme, 1999, 160 p.

PELLOIS, Christian, Jean VIVIER, Jacques AUBRET et Jean-Pierre BOUTINET. *Bilan de compétences et mutations : l'accompagnement de la personne. Actes du colloque de Caen, 18-19 octobre 2001*, Bern, Peter Lang, 2004.

PLANT, P. *L'orientation professionnelle et la qualité,* Document établi pour l'examen par l'OCDE des politiques des services d'information, d'orientation et de conseil, Commandité conjointement par la Commission européenne et l'OCDE, 2001.

PUTTI, Joseph M., Samuel ARYEE et Tan Kim LIANG. « Work Values and Organizational Commitment : A Study in the Asian Context », dans *Human Relations*, vol. 42, n° 3, 1989, p. 275-88.

REY, Alain. *Dictionnaire historique de la langue française.* Paris, ESF Éditeur, 1993, 4304 p.

RIVERIN-SIMARD, Danielle, et Yanik SIMARD. *Vers un modèle de participation continue : la place centrale de l'orientation professionnelle*. Québec, Ministère de l'Éducation, Direction de la formation générale des adultes, Publications Québec, septembre 2004.

ROBERGE, Michèle. *Tant d'hiver au cœur du changement : essai sur la nature des transitions*. Sainte-Foy, Septembre éditeur, 1998, 176 p.

RUIZ-QUINTANILLA, S. Antonio. et George. W. ENGLAND. « How Working is Defined : Structure and Stability », dans *Journal of Organizational Behavior*, vol. 17, 1996, p. 515-540.

SAVARD, Réginald et Guylaine MICHAUD. *Rapport sur l'effet de l'information sur le marché du travail sur le processus décisionnel relatif au choix de carrière d'orientation pour le fonds des ministres du marché du travail (FMMT)*, 2005.

SCHLOSSBERG, Nancy K., Elinor. B. WATERS et Jane GOODMAN. *Counseling Adults in Transition – Linking Practice with Theory, 2e éd.* New York, Springer Publishing Company, 1995, 306 p.

SHERIDAN, John E. « Organizational Culture and Employee Retention », dans *Academy of Management Journal*, vol. 35, n° 1,1992, p. 1036-1056.

SAINT-ARNAULD, Yves. *S'actualiser par des choix éclairés et une action efficace,* Boucherville, Gaëtan Morin Éditeur, 1996, 108 p.

STATISTIQUE CANADA. *Enquête sur la population active. Population occupée selon le niveau de scolarité,* Ottawa, Statistique Canada, 2005.

TARDIF, Jacques. « L'entrée par la question de la formation des enseignants : le transfert des compétences analysé à travers la formation de professionnels », dans MEIRIEU, Philippe, Michel Develay Christiane Durand et Yves Mariani, *Le transfert de connaissances en formation initiale et en formation continue*, Lyon, Centre régional de documentation pédagogique de l'Académie de Lyon, 1996, p. 31-46.

TARDIF, Jacques. *Pour un enseignement stratégique – L'apport de la psychologie cognitive*, Montréal, Éditions Logiques, 1997, 474 p.

TARDIF, Jacques. « Axer la formation sur le développement de compétences : problématiques de l'organisation du travail, de l'apprentissage et de l'enseignement », dans PELLOIS, Christian, Jean VIVIER, Jacques AUBRET et Jean-Pierre BOUTINET, *Bilan de compétences et mutations : l'accompagnement de la personne, Actes du colloque de Caen, 18-19 octobre 2001*, Bern, Peter Lang, 2004, p.119-138.

TÉTREAU, Bernard. « L'essor d'une psychologie des intérêts professionnels », dans *Carriérologie*, vol. 10, n° 1, 2005, p. 75-118.

TREMBLAY, Gilles. *Le développement de la reconnaissance des acquis au Québec. Document de consultation présenté au Comité-conseil de la politique de formation continue*. Montréal, Cégep Marie-Victorin, Bureau de la reconnaissance des acquis, 1997

VACHER, Jean-Pierre. *L'orientation une démarche de construction*, Cibc.net, 2006. [www.cibc.net/federation/presentation.php]

MARQUIS
MEMBRE DU GROUPE SCABRINI
Québec, Canada
2007